前　言

党的二十大报告指出，要“推动货物贸易优化升级，创新服务贸易发展机制，发展数字贸易，加快建设贸易强国”。跨境电商的发展能有效地帮助外贸企业整合资源，扩大市场，加强与境外企业的经济贸易合作，实现互利共赢、共同发展。近年来，我国出台的多个政策文件提到了要促进跨境电商发展，也先后出台了相关的扶持政策和补贴计划。然而人才匮乏是限制跨境电商发展的关键因素之一，具备实践经验和操作能力的优秀的专业人才更是稀缺。

本书是编者面向职业院校跨境电商人才培养需求编写的、以工作任务为导向的教材。本书全面贯彻党的二十大精神，将二十大精神与实际工作结合起来，立足岗位需求，以社会主义核心价值观为引领，传承中华优秀传统文化，注重立德树人，培养读者自信自强、守正创新、踔厉奋发、勇毅前行的精神，强化读者的社会责任意识和奉献意识，从而全面提高人才自主培养质量，着力造就拔尖创新人才。

本书主要内容

项目一：从跨境电商的概况入手，分析了跨境电商行业的岗位分类，以及跨境电商的贸易模式和业务模式，让读者对跨境电商行业有一个系统的了解。

项目二：介绍阿里巴巴国际站、全球速卖通、亚马逊、Wish和Lazada平台的概况，让读者对跨境电商平台有一个全面的认识。

项目三：从全球速卖通平台入手，讲解跨境电商平台的具体操作，包括前期的市场调研、行业选品、店铺开通、产品发布和管理，以及后续的模块管理、订单管理等环节，让读者形成对店铺的运营流程的清晰认识。

项目四：讲解跨境电商视觉营销，让读者了解视觉营销和文案策划在跨境电商营销中的重要性，学会进行产品图片的处理，并能够在PC端的基础上进行移动端的视觉营销设计。

项目五：对跨境电商的营销方式进行分析讲解，让读者对跨境电商的营销方式有初步的认知，并能够选择适合自身的营销方式，更好地运营店铺。

项目六：讲解跨境电子支付的现状，分析各种跨境电子支付方式的优缺点及适用范围。

项目七：主要讲解邮政包裹、商业快递、专线物流和海外仓这四大跨境物流方式的服务商基本情况、资费标准、优缺点等内容，让读者对跨境物流有一个全面的认识。

项目八：围绕跨境客户服务进行讲解，主要内容包括跨境电商与传统贸易在沟通上的异同点、跨境电商的询盘回复技巧和全球速卖通信用评价规则，另外还介绍了纠纷的处理技巧，以帮助店铺提升服务质量。

本书编写特色

- 条理清晰、学以致用：本书编写思路明确，本着“以有用为标准、以实用为落脚点”的编写原则，帮助读者开展跨境电商业务，内容涉及阿里巴巴国际站、全球速卖通、亚马逊等平台。
- 图解教学、强化应用：本书采用图解教学的形式，图文并茂，让读者在学习过程中更直观、更清晰地掌握相关的应用知识，全面提升学习效果。
- 同步慕课、资源丰富：本书提供了 PPT、教案、教学大纲、习题、视频等相关扩展资源，选用本书的老师可以登录人邮教育社区网站（www.ryjiaoyu.com）下载获取。

本书由李颖芬、龚奇任主编，胡曼妮、鲍盛参与了编写。跨境电商发展日新月异，编者在编写过程中虽力求准确、完善、贴合行业发展，但书中难免存在疏漏和不足之处，敬请广大读者批评指正。

编者

2023 年 10 月

“十四五”职业教育国家规划教材　跨境电子商务·创新型人才培养系列教材

跨境电商实务

慕课版

李颖芬 龚奇 ◉ 主编

人民邮电出版社
北京

图书在版编目（CIP）数据

跨境电商实务 : 慕课版 / 李颖芬, 龚奇主编. --
北京 : 人民邮电出版社, 2021.11
跨境电子商务创新型人才培养系列教材
ISBN 978-7-115-56551-8

Ⅰ. ①跨… Ⅱ. ①李… ②龚… Ⅲ. ①电子商务一高
等学校一教材 Ⅳ. ①F713.36

中国版本图书馆CIP数据核字(2021)第088527号

内容提要

跨境电商作为电商的重要分支，已成为企业及个人创业者施展身手的重要领域之一。本书共8个项目，系统全面地讲解了跨境电商各环节涉及的相关知识及其应用，主要内容包含跨境电商概述、跨境电商平台认知、跨境电商平台操作、跨境电商视觉营销、跨境电商营销方式、跨境电子支付、跨境物流以及跨境客户服务。

本书内容新颖、讲解透彻，适合作为职业院校电子商务、市场营销、国际经济与贸易、商务英语等专业相关课程的教材，也可供广大跨境电商相关从业人员学习和参考。

◆ 主　　编　李颖芬　龚　奇
责任编辑　侯潇雨
责任印制　王　郁　焦志炜

◆ 人民邮电出版社出版发行　　北京市丰台区成寿寺路11号
邮编　100164　　电子邮件　315@ptpress.com.cn
网址　https://www.ptpress.com.cn
固安县铭成印刷有限公司印刷

◆ 开本：787×1092　1/16
印张：11.25　　　　2021年11月第1版
字数：244千字　　　　2024年9月河北第7次印刷

定价：46.00元

读者服务热线：(010)81055256　印装质量热线：(010)81055316
反盗版热线：(010)81055315
广告经营许可证：京东市监广登字20170147号

目　　录

项目五 跨境电商营销方式

项目六 跨境电子支付

项目七 跨境物流

项目一
跨境电商概述

对企业来说，跨境电商构建的开放、多维、立体的多边经贸合作模式，大大促进了多边资源的优化配置与企业间的互利共赢；对买家来说，跨境电商使他们能够非常容易地获取其他国家或地区的信息，并买到物美价廉的商品。

本项目将通过对跨境电商的基础知识、跨境电商岗位等进行全面讲解，帮助读者开启“跨境电商之旅”。

学习目标

知识目标

1. 了解跨境电商的基础概念；
2. 熟悉跨境电商不同岗位的职责。

能力目标

1. 形成对跨境电商的基本认识；
2. 掌握跨境电商行业的岗位设置；
3. 掌握跨境电商平台的模式分类。

素质目标

1. 具备顺应市场发展趋势的应变能力；
2. 具备开拓进取、守正创新的精神。

学习导图

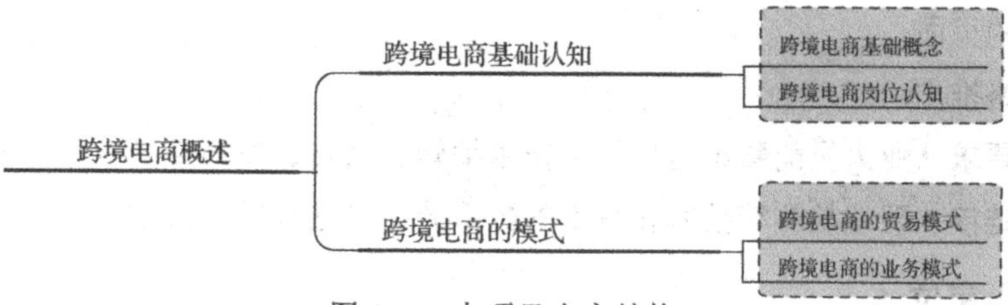

图 1-1　本项目内容结构

任务一　跨境电商基础认知

一、跨境电商基础概念

跨境电商是指分属不同关境的交易主体，通过电商平台达成交易、进行支付结算，并通过跨境物流送达商品、完成交易的一种国际商业活动。

我国跨境电商分为企业对企业（Business to Business，B2B）跨境贸易和跨境零售。

B2B 跨境贸易是指分属不同关境的企业对企业，通过电商平台达成交易、进行支付结算，并通过跨境物流送达商品、完成交易的一种国际商业活动，现已纳入海关一般贸易统计。

跨境零售包括企业对买家（Business to Customer，B2C）跨境电商和个体对个体（Customer to Customer，C2C）跨境电商两种模式。B2C 跨境电商是指分属不同关境的企业直接面向买家开展在线销售商品和服务，通过电商平台达成交易、进行支付结算，并通过跨境物流送达商品、完成交易的一种国际商业活动。在 B2C 模式下，境内企业直接面向境外买家，以销售个人消费品为主，物流方面主要采用邮政包裹、商业快递、专线物流及海外仓等方式，其报关主体是邮政或快递公司。C2C 跨境电商是指分属不同关境的个人卖家对个人买家开展在线销售商品和服务，由个人卖家通过第三方电商平台发布商品和服务售卖信息，个人买家进行筛选，并通过电商平台达成交易、进行支付结算，然后由个人卖家通过跨境物流送达商品、完成交易的一种国际商业活动。

二、跨境电商岗位认知

1. 初级岗位

初级岗位的要求是从业人员要掌握跨境电商技能，目前初级岗位主要有以下 3 种。

（1）客服

该岗位要求从业人员能通过邮件、电话等沟通渠道，熟练运用英语、法语以及德语等语言和买家进行交流，售后客服人员还需了解不同国家或地区的法律法规，能够处理知识产权纠纷。

（2）视觉设计

该岗位要求从业人员既精通设计美学又精通视觉营销，并且能拍摄出合适的商品图片、设计出美观的页面。

（3）网络推广

该岗位要求从业人员能熟练运用相关技术编辑、上传、发布商品信息，利用搜索引擎优化、交换链接、网站检测等技术和基本的数据分析方法进行商品推广。

2. 中级岗位

中级岗位的要求是从业人员要熟悉现代商务活动，掌握跨境电商技术知识，懂得跨境电商“能做什么”。目前中级岗位主要有以下 3 种。

（1）市场运营管理

该岗位要求从业人员既精通互联网知识，又精通营销推广，并且了解当地买家的思维方式和生活方式，能够运用网络营销手段进行商品推广。市场运营管理包括活动策划、商品编辑、商业大数据分析、用户体验分析等。

（2）供应链管理

跨境电商的商品方案制订、采购、生产、运输、库存、出口、物流配送等一系列环节都需要专业的供应链管理人才，该岗位要求从业人员能够负责供应商管理、库存管理，并且配合报关公司协调进口货物清关等。

（3）国际结算管理

该岗位要求从业人员灵活掌握和应用国际结算中的各项规则，能有效控制企业的国际结算风险，切实提升贸易、出口、商品及金融等领域的综合管理能力和法律法规应用水准。

3. 高级岗位

高级岗位的要求是从业人员熟悉跨境电商前沿理论，能够从战略上洞察和把握跨境电商的特点和发展规律，具有前瞻性思维，能够引领跨境电商产业发展，懂得“为什么要做跨境电商”。从事高级岗位的主要是熟悉跨境电商业务的高级职业经理人以及促进跨境电商产业发展的领军人物。

目前的跨境电商企业多处于初创阶段，客服人员、视觉设计人员、网络推广人员等是最迫切需要的初级人才。随着企业向纵深发展，竞争不断加剧，企业对负责跨境业务运营的商务型中级人才的需求会越来越迫切。而具有 3～5 年大型跨境电商企业管理经验、能引领企业的国际化发展的战略管理型高级综合人才更是一将难求。

表 1-1 所示为某外贸企业电商主管/经理岗位的岗位说明书。

表 1-1　电商主管/经理岗位的岗位说明书

部门	电商部	直接上级	总经理
职位	电商主管/经理	直接下级	网络推广人员、客服人员
岗位职责	（1）协助总经理制定年度销售目标； （2）保证每月销售额达到预期目标； （3）每月与本部门人员进行实质沟通，分析和交流现存问题； （4）帮助本部门人员解决工作中存在的问题； （5）从实际出发，安排好每个岗位人员的工作任务和内容； （6）督促本部门人员完成工作，并随时加以鼓励或指导； （7）做好与总经理之间的沟通，制订企业品牌网络营销方案、宣传推广计划，并传达给相关部门执行； （8）维护好与供应商、买家的关系； （9）完成上级临时指派的其他工作任务； （10）负责网络营销及推广方案的制订与实施，编制推广费用预算，审核广告投放数据和进度； （11）通过策划各类活动，结合互联网资源进行有效的广告宣传和促销推广		

续表

任职要求	（1）大专以上学历，3 年以上电商主管工作经验； （2）熟悉直通车、钻石展位、网络搜索引擎的相关知识，擅长搜索引擎优化，熟悉网络推广模式，了解行业现状与发展趋势，具备网络社区或电商网站运营策划经验； （3）熟悉主要跨境电商平台的运营环境、交易规则、推广方法； （4）具有良好的文案撰写能力，善于运用语言文字打动买家，熟悉各大论坛的运作情况
具备技能	组织领导能力：□决策能力 □管理能力 □沟通协调能力 解决问题能力：□计划能力 □创新能力 □执行能力

【想一想】

请结合中国古代丝绸之路的开拓和发展过程分析跨境贸易的重要性?

任务二　跨境电商的模式

一、跨境电商的贸易模式

跨境电商主要分为 B2B、B2C、C2C 3 种贸易模式。

1. B2B 跨境电商

B2B 跨境电商主要为企业或集团买家提供商品、服务等相关信息。目前，在我国的跨境电商市场交易中，B2B 跨境电商市场交易规模占总交易规模的 90%以上，企业级市场始终处于主导地位，代表平台有敦煌网、中国制造网、阿里巴巴国际站、环球资源网等，其平台首页分别如图 1-2～图 1-5 所示。

图 1-2　敦煌网首页

图 1-3　中国制造网首页

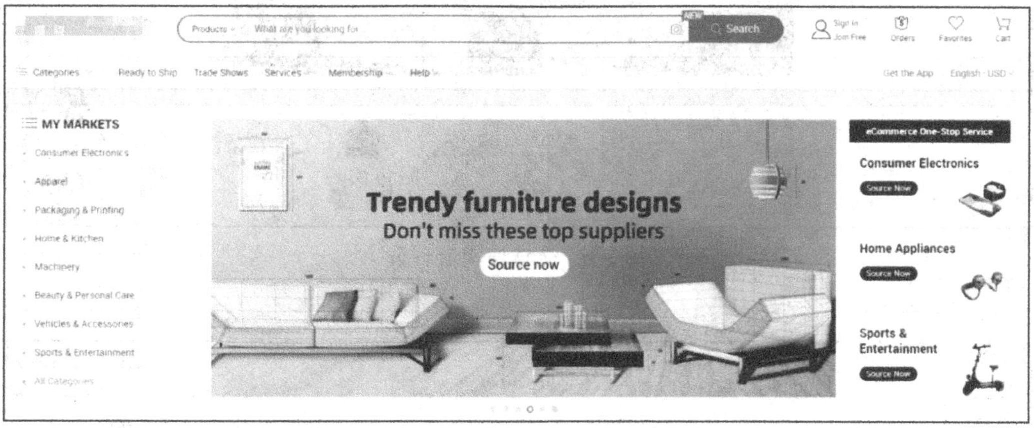

图 1-4　阿里巴巴国际站首页

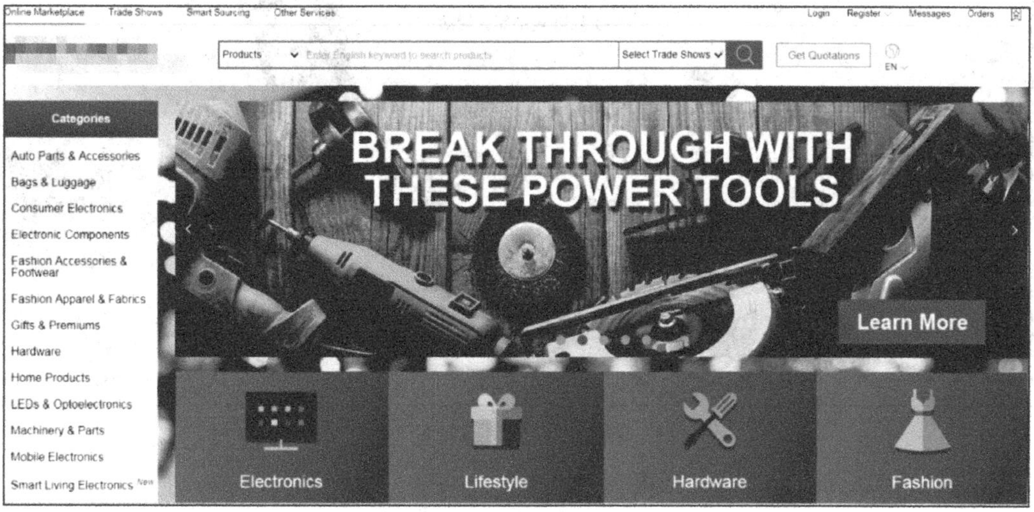

图 1-5　环球资源网首页

2. B2C 跨境电商

B2C 跨境电商是以网上零售的方式，将商品售卖给个人买家的。跨境电商平台在不同垂直类目的商品销售上有所不同，如以 3C 类（计算机类、通信类和消费类）电子商品为主的 B2C 外贸平台 FocalPrice。3C 类电子商品跨境电商市场正在逐步发展，它在我国跨境电商市场整体交易规模中的占比不断提高。未来，3C 类电子商品跨境电商市场将会迎来大规模增长，代表平台有全球速卖通、亚马逊、米兰网、大龙网等，各平台首页分别如图 1-6～图 1-9 所示。

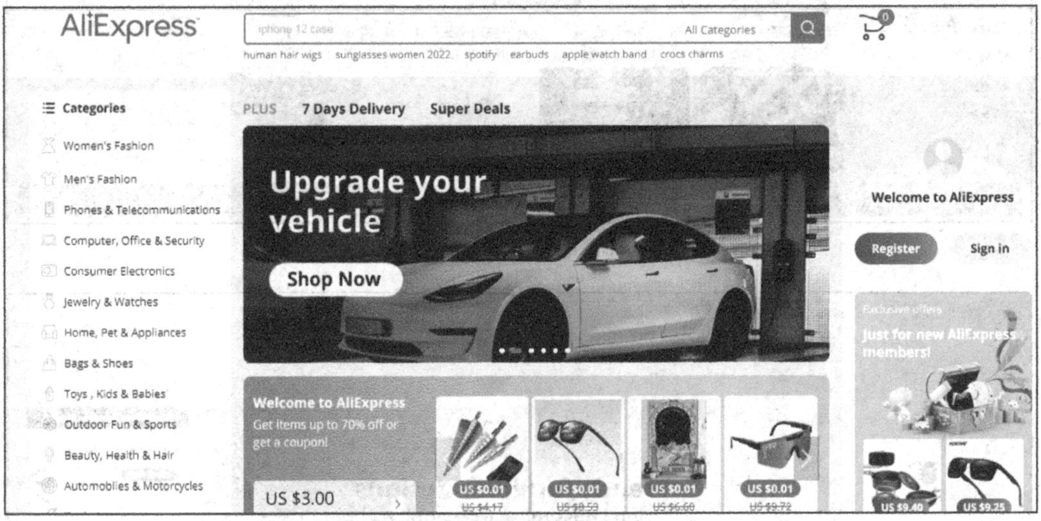

图 1-6　全球速卖通首页

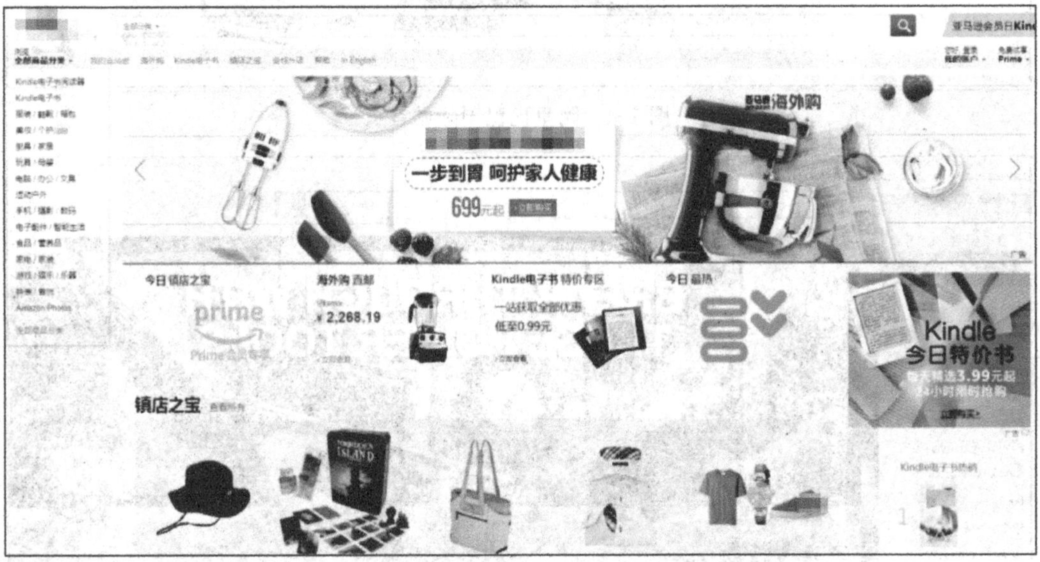

图 1-7　亚马逊首页

图 1-8 米兰网首页

图 1-9 大龙网首页

3. C2C 跨境电商

C2C 跨境电商面对的最终买家为个人买家，卖家也是个人卖家。在这种贸易模式下，个人卖家发布售卖商品和服务的信息、价格等内容，个人买家进行筛选，最终通过电商平台达成交易、进行支付结算，并通过跨境物流送达商品、完成交易。其代表平台如 eBay，首页如图 1-10 所示。

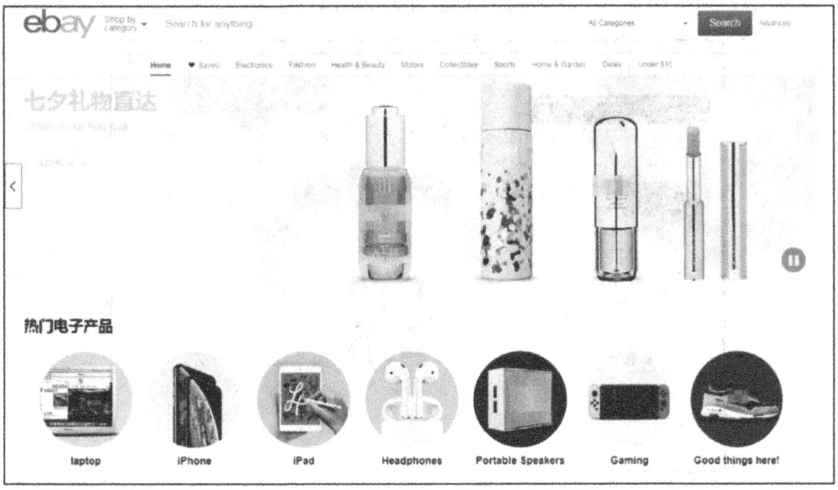

图 1-10 eBay 首页

二、跨境电商的业务模式

跨境电商包括进口跨境电商和出口跨境电商。进口跨境电商，指境外卖家将商品直销给境内买家，一般是境内买家访问境外卖家的购物网站选择商品，然后下单购买，由境外卖家通过国际快递将商品交付给境内买家。出口跨境电商，指境内卖家将商品直销给境外买家，一般是境外买家访问境内卖家的购物网店，然后下单购买，并完成支付，由境内卖家通过跨境物流将商品交付给境外买家。

首先，我国跨境电商贸易以出口为主，第一财经商业数据中心发布的《2019 中国跨境电商出口趋势与机遇白皮书》显示，近 5 年来我国跨境电商出口占外贸出口的比重从 2.2% 上升至 7.7%，截至 2018 年已超过万亿元。随着境内市场对境外商品需求的增长，跨境电商进口占比将不断提升，跨境电商进口业务基本确立了以下三大类别的商业模式。

第一类是买手型。买手型是零售商先向工厂或品牌企业买断商品，然后在零售平台上向买家销售商品的经营模式，代表企业如洋码头、海蜜严选，其平台首页、App 下载界面分别如图 1-11、图 1-12 所示。

图 1-11　洋码头首页

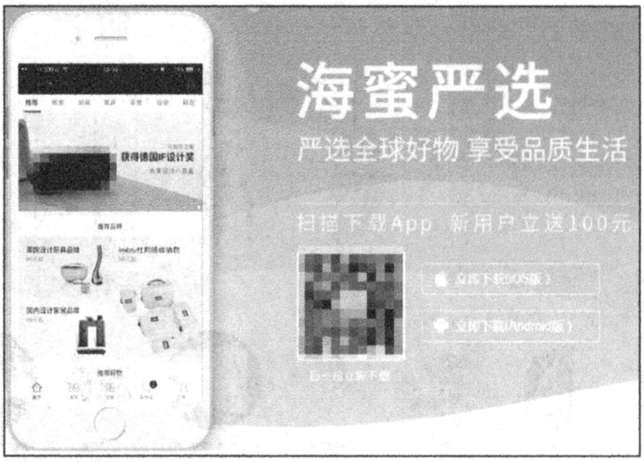

图 1-12　海蜜严选 App 下载界面

第二类是平台入驻型，代表企业如天猫国际、京东国际，其平台首页分别如图 1-13、图 1-14 所示。

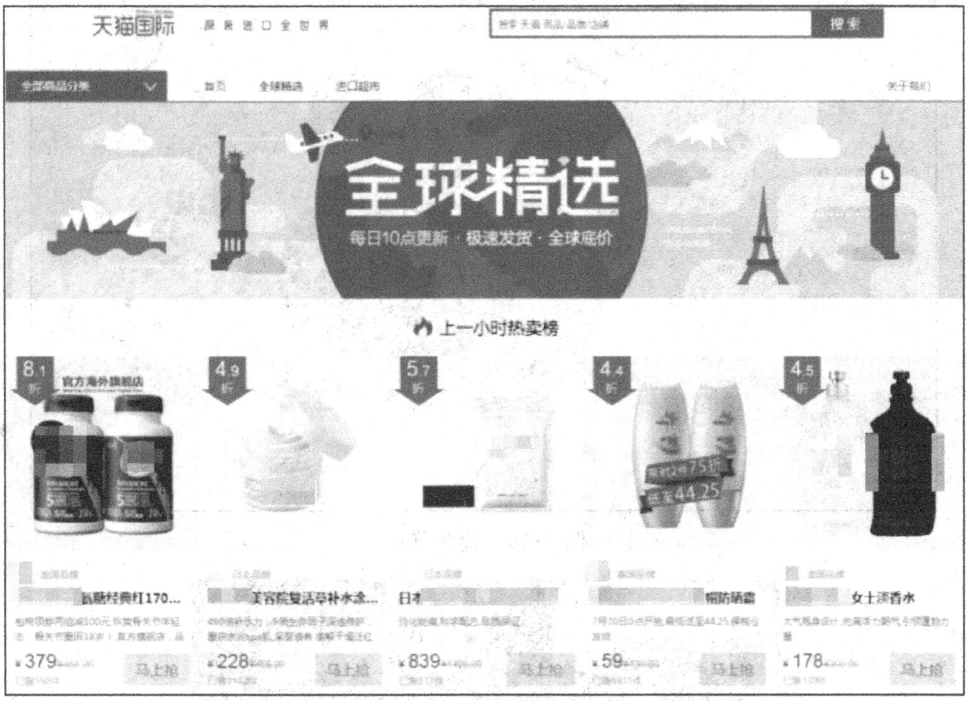

图 1-13　天猫国际首页

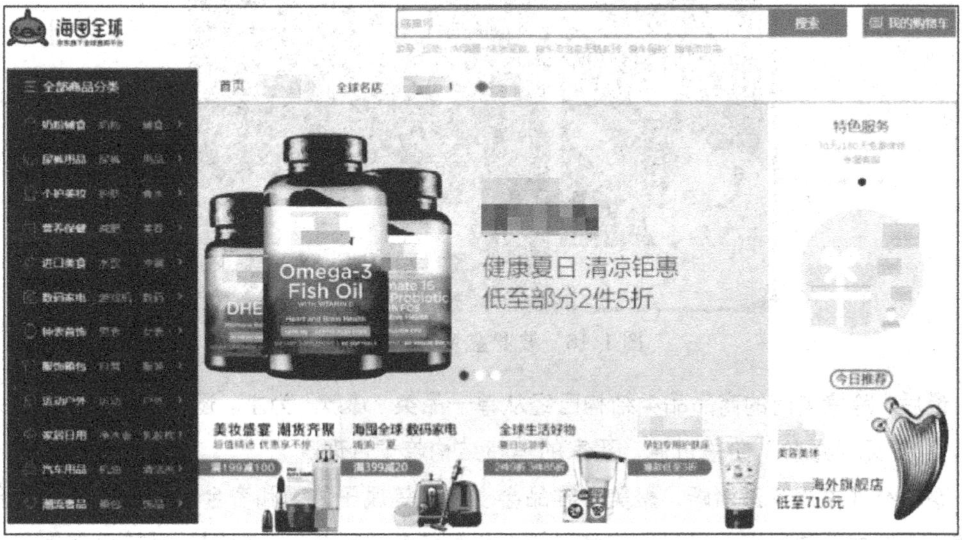

图 1-14　京东国际首页

第三类是 B2C 自营型，代表企业如蜜芽、波罗蜜，其平台首页、App 下载界面分别如图 1-15、图 1-16 所示。

其次，跨境电商的商品流转已经从 2014 年的以“直邮+转运”为主、保税区为辅，逐步发展为以保税区为主、直邮为辅的模式。

图 1-15　蜜芽首页

图 1-16　波罗蜜 App 下载界面

最后，跨境电商的商品品类结构已经从单一品类“爆款”为主，逐步向多品类、多“爆款”，甚至无“爆款”阶段过渡，买家的消费结构趋于合理。

整个行业格局逐渐清晰，聚美、唯品会、考拉等属于体量和资金量相对巨大的平台，蜜芽、小红书、波罗蜜、贝贝网等属于较有自身特色的平台，天猫国际目前仍在平台入驻型跨境电商中独树一帜，洋码头在买手型跨境电商中一骑绝尘。

知识链接

跨境电商如何按服务类型分类？

跨境电商按服务类型分为以下两类。

1．信息服务平台

信息服务平台主要是为境内外会员卖家提供网络营销平台，传递供应商或采购商等卖家的商品或服务信息，促成双方完成交易，代表企业有阿里巴巴国际站、环球资源网、中国制造网等。

2．在线交易平台

在线交易平台不仅可以提供企业、商品、服务等多方面的信息，而且可以通过平台完成线上搜索、咨询、对比下单、支付、物流、评价等全购物链环节。在线交易平台模式正逐渐成为跨境电商的主流模式，代表企业有敦煌网、全球速卖通、DX、FocalPrice、米兰网、大龙网等。

【想一想】

跨境电商平台按平台运营方分类，可分为哪些类型？

____

____

____

____

项目小结

本项目主要讲解跨境电商基础概念、跨境电商模式等知识。通过学习本项目，读者能够形成对跨境电商的基本认知，准确把握跨境电商模式，并在学习过程中完成对所学知识的系统性梳理，将其灵活应用于实践。

同步实训

本次实训为跨境电商概述，希望通过本实训，读者能够掌握跨境电商的基础知识。

1．现实生活中，你接触到的跨境电商平台有哪些？你认为它们的优势和劣势分别是什么？若让你就如何避免劣势提出一些自己的想法和建议，你会如何做？请将相关信息填写到表 1-2 中。

表 1-2　跨境电商平台分析

跨境电商平台	优势	劣势	建议

2．请以小组为单位，借助互联网查找主营江西农产品的跨境电商企业，对比其经营模式并进行归类；对同类企业的经营类目进行总结，并对比其异同点；另需注意了解各企业设置的主要岗位。请将相关信息填写到表 1-3 中。

表 1-3　跨境电商企业分析

运营模式	企业名称	经营类目	企业共同点	企业不同点	主要岗位

项目二 跨境电商平台认知

跨境电商平台发展迅速，一些大型跨境电商平台，如阿里巴巴国际站、全球速卖通、亚马逊、Wish、Lazada 等占据了大部分市场份额，中小型创业公司的平台也在跨境电商市场觅得突围良机，百花齐放局面逐渐显现。本项目将通过对上述几大平台进行介绍，帮助读者全面了解跨境电商平台。

学习目标

知识目标

1. 认识跨境电商平台；
2. 熟悉各跨境电商平台提供的服务；
3. 了解不同跨境电商平台的政策。

能力目标

1. 掌握不同跨境电商平台的盈利方式；
2. 掌握不同跨境电商平台的运营模式；
3. 掌握不同跨境电商平台的销售方式。

素质目标

1. 做到诚实守信，文明经营；
2. 树立新发展理念，培育正确的职业操守和道德规范。

学习导图

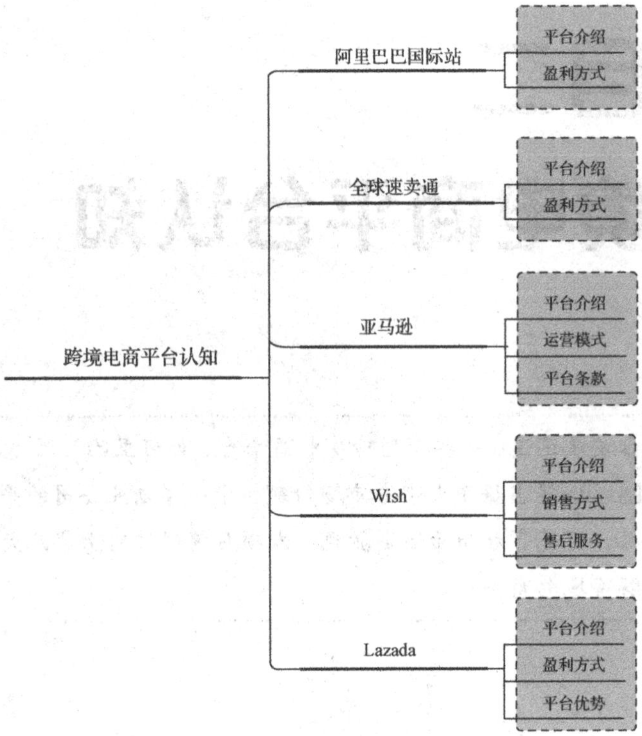

图 2-1　本项目内容结构

任务一　阿里巴巴国际站

一、平台介绍

阿里巴巴国际站是一个 B2B 电商平台，阿里巴巴集团在阿里巴巴国际站的基础上陆续推出了淘宝、支付宝、天猫、阿里云等一系列平台。

阿里巴巴集团最初的业务是帮助境内外贸企业搭建外贸网站，让境外买家可以找到境内商品供应商，通过向境外买家展示、推广境内供应商的商品，进而帮助境内外贸企业获得贸易商机和订单。阿里巴巴国际站是境内外贸企业拓展国际贸易的首选网络平台之一。

此外，阿里巴巴国际站还为中小企业拓展国际贸易的出口提供营销推广服务，通过提供一站式的店铺装修、商品展示、营销推广、生意洽谈及店铺管理等全系列线上服务和工具，帮助企业降低成本、高效率地开拓外贸大市场。

二、盈利方式

对于入驻阿里巴巴国际站的企业来说，其在阿里巴巴国际站开店和做线下生意是一样的，如果没有找准买家的需求点，自身的商品不出彩，那么购买转化率就会很低。阿里巴巴国际站的盈利方式如图 2-2 所示。

图 2-2　阿里巴巴国际站的盈利方式

1. 会员费

企业想要通过阿里巴巴国际站参与电商交易，必须注册为会员，每年要缴纳一定的会员费才能享受网站提供的各种服务。目前，会员费是阿里巴巴国际站最主要的收入来源。

2. 广告费

网络广告是门户网站的主要收入来源，也是阿里巴巴国际站的主要收入来源。

3. 竞价排名

企业为了促进商品的销售，都希望自己的排名在阿里巴巴网站的信息搜索中靠前，而网站在确保信息准确的基础上，会根据会员交费的不同对排名顺序做相应的调整。

4. 增值服务

阿里巴巴国际站通常除了为企业提供贸易供求信息，还会提供一些独特的增值服务，包括企业认证、独立域名、行业数据分析报告、搜索引擎优化等。

5. 线下服务

阿里巴巴国际站线下服务主要包括展会、期刊等。通过展会，供应商和采购商可以面对面地交流，一般的中小企业比较青睐这种线下服务。期刊主要提供一些行业资讯等信息，企业也可以在期刊中植入广告。

6. 商务合作

商务合作包括广告联盟、行业协会合作、传统媒体合作等。广告联盟通常是网络广告联盟，联盟营销还处于萌芽阶段，阿里巴巴国际站在联盟营销方面还有很大的发展空间。

7. 询盘付费

区别于传统的会员包年付费模式，询盘付费模式是指从事国际贸易的企业不是按照时间来付费的，而是按照海外推广带来的实际效果，也就是海外买家实际的有效询盘来付费的。询盘的主动权掌握在买家手中，由买家自行判断并决定是否消费。

【想一想】

请结合本任务内容，思考阿里巴巴国际站具有哪些特点。

任务二　全球速卖通

一、平台介绍

全球速卖通（AliExpress，AE）于2010年4月正式上线，是阿里巴巴集团旗下唯一面向全球市场打造的在线交易平台，被广大卖家称为“国际版淘宝”。全球速卖通面向海外买家，通过支付宝国际账户进行担保交易，并使用国际快递发货，目前是全球第三大英文在线购物网站。

全球速卖通是阿里巴巴集团帮助中小企业接触终端批发零售商、小批量多批次快速销售、拓展利润空间而全力打造的集订单、支付、物流于一体的外贸在线交易平台，能让中小企业更方便地找到货源或部分质量较高的生产厂家的货源，此平台覆盖服装服饰、3C、家居、饰品等行业类目。

2019年3月，全球速卖通在俄罗斯推出在线售车服务，俄罗斯买家直接在全球速卖通网站上一键下单，支付预付款，再到指定线下门店支付尾款即可提车。图2-3所示为全球速卖通网站上的奇瑞官方旗舰店页面。

图2-3　全球速卖通网站上的奇瑞官方旗舰店页面

下面对全球速卖通平台的适销商品、禁/限售商品和侵权商品做总结。

1. 适销商品

适销商品是指适宜通过网络销售，并且适合通过航空快递运输的商品。这类商品基本符合以下条件。

① 体积较小，方便以快递方式运输，可降低跨境物流成本。

② 附加值较高，价值低过运费的单件商品不适合单件销售，可以打包出售，以降低物流成本占比。

③ 独特性，在线交易业绩佳的商品需要独具特色，才能不断刺激买家的购买欲望。

④ 价格较合理，在线交易价格若高于商品在当地的市场价，就无法吸引买家在线下单。

结合以上条件，适宜在全球速卖通销售的商品包括服装服饰、美容护理类商品、珠宝手表、灯具、消费类电子商品、手机通信配件、家居、汽车和摩托车配件、首饰、工艺品、体育与户外用品等。

2. 禁/限售商品

很多淘宝上允许销售的商品，在全球速卖通上会被禁止销售。因此，卖家在全球速卖通平台上开店前需要做好充分了解。

限售商品是指发布商品前需取得商品销售的前置审批、凭证经营或授权经营等许可证明，否则不允许发布。若已取得相关合法许可证明，应在发布前提供给全球速卖通平台。

3. 侵权商品

侵权商品分为商标侵权、著作权侵权、专利侵权。

① 商标侵权：未经商标权人许可，在商标权核定的同一或类似的商品上使用与核准注册的商标相同或相近的商标的行为，以及其他法律规定的损害商标权人合法权益的行为。

② 著作权侵权：未经著作权人同意，又无法律上的依据，使用他人作品或行使著作权人专有权的行为，以及其他法律规定的损害著作权人合法权益的行为。

③ 专利侵权：未经专利权人许可，以生产经营为目的，实施了依法受保护的有效专利的违法行为。

二、盈利方式

全球速卖通平台的主要收入来源为各类目技术服务年费和交易佣金。

每个全球速卖通账号只允许选取一个经营范围，并可在该经营范围下经营一个大类或在某些类目下可经营多个大类。全球速卖通规定卖家必须缴纳类目年费，大部分类目年费都是 1 万元，另外手机类目年费是 3 万元，假发类目里的真人发年费为 5 万元。

年费按照经营大类收取，入驻不同经营大类需分别缴纳年费。在同一经营大类下，年费只缴纳一份。

卖家要在全球速卖通经营，需要按照其订单销售额的一定百分比缴纳佣金。平台会根据类目收取不同佣金。例如，服装配饰类目收取的佣金为订单金额的 8%，精品珠宝类目收取的佣金为订单金额的 5%。表 2-1 所示为各类目的佣金比例。

表 2-1　各类目的佣金比例

单店经营范围	经营大类	技术服务费年费/元	类目	佣金比例
服装配饰	服装配饰	10000	Novelty & Special Use（新奇/特殊服装）	8%
箱包/鞋类	箱包/鞋类	10000	Luggage & Bags（箱包皮具/热销女包/男包）	8%
			Shoes（男女鞋）	5%
精品珠宝	精品珠宝	10000	Fine Jewelry（精品珠宝）	5%
流行饰品及配件	流行饰品及配件	10000	Fashion Jewelry（流行饰品）	8%
			Jewelry Findings & Components（饰品配件和部件）	8%
			Jewelry Packaging & Display（首饰包装和展示用具）	8%
手表	手表	10000	Watch（手表）	8%
婚纱礼服	婚纱礼服	10000	Weddings & Events（婚纱礼服）	5%
美容美发	护肤品	10000	Skin Care（护肤品）	8%
	美容健康	10000	Tattoo & Body Art（纹身及身体彩绘）	8%
			Skin Care Tool（护肤工具）	8%
			Nail Art & Tools(美甲用品及修甲工具）	8%
			Makeup（彩妆）	8%
			Health Care（健康保健）	8%

【想一想】

请借助互联网了解全球速卖通的发展现状。

____

____

____

____

任务三　亚马逊

一、平台介绍

亚马逊是美国的一家网络电商公司，成立于 1995 年，一开始只经营书籍销售业务，现在则扩展至范围相当广的其他商品，已成为商品品种丰富的网上零售商和全球第二大互联网企业。

亚马逊为买家提供数百万种独特的全新、翻新及二手商品，其商品分类有电子书、服装、鞋靴、箱包、美妆、个护健康、厨具、家居、玩具、计算机、办公、文具、运动户外等。

二、运营模式

亚马逊平台的运营和推广模式与其他许多电商平台有所不同，卖家如果想参加平台组织的促销活动，亚马逊要根据商品以往的销售记录和综合评分来判断卖家是否可以入选。亚马逊有其独特的运营规则，只有了解了这些规则，卖家才可能在亚马逊平台上做得很好。

1. Listing

（1）Listing 跟卖政策介绍

Listing 跟卖政策是亚马逊独有的。如果 A 卖家创建了一个商品页，其他卖同一款商品的卖家看见后可以在该商品页上添加一个按钮链接到自己的商品，如图 2-4 所示。这对新卖家来说是好机会，可以分享别人的流量，但容易引发价格战。采取跟卖政策的卖家也要非常小心，应注意不要侵权，一旦被投诉侵权就会被平台处罚。

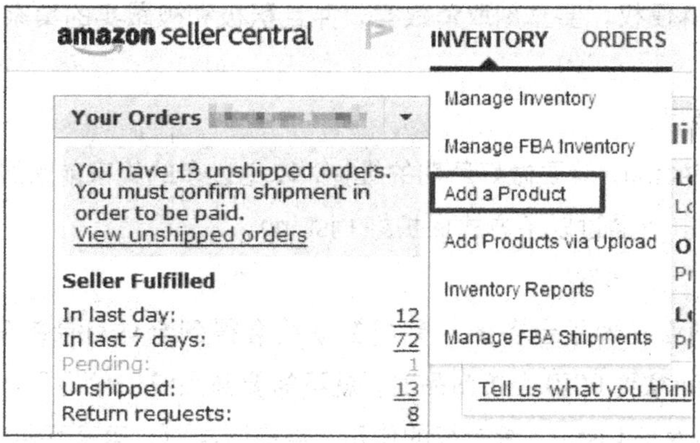

图 2-4 Listing 跟卖

任何卖家在亚马逊平台上传的 Listing 的归属权在亚马逊，不再属于上传该 Listing 的卖家，这和境内大部分电商平台的规则不同。亚马逊平台认为同一款商品，其介绍、图片等信息应该是相同的，没必要出现同一款商品却有很多页面的情况，唯一的区别就在于价格，所以亚马逊允许多个卖家使用同一个 Listing。如果有很多卖家销售同一款商品，则亚马逊会根据卖家提供服务的品质及卖家的销售价格向买家推荐更优的卖家。

那么如何跟卖呢？卖家要先找到想要跟卖商品的亚马逊标准标识号（Amazon Standard Identification Number，ASIN），在卖家后台搜索该 ASIN，搜索出要跟卖的商品并且单击页面上的“Sell Yours Here”按钮，就可以进行跟卖了。

（2）Listing 跟卖的特点

① 跟卖的优势

- 不用自己制作页面，很快就可以完成链接操作。

- 跟卖大流量的 Listing 不仅可以迅速提高跟卖商品的销量，还可以带动店铺其他商品的销售。

② 跟卖的风险

- 容易被 Listing 所有者投诉侵权，一旦投诉成功，跟卖卖家的账号就会被封。
- 容易引发价格战，导致低利润。

③ 跟卖的建议

- 要确保自己的商品和跟卖的 Listing 描述完全一致，包括商品本身、包装、卖点、功能、描述等。否则，买家收到商品后如果发现任何与描述不一致的地方，都可以向亚马逊投诉。被跟卖的卖家也有可能对你的订单进行“Test Buy”，其收到商品后如果发现和描述不一致，就可以向亚马逊投诉。
- 跟卖时尽可能设置较低的价格，价格越低，商品被加入购物车的可能性越高。抢夺购物车的权重大小为：FBA（亚马逊物流服务）>价格≥信誉度。
- 在跟卖时，如果发现一款商品销量高又没有人跟卖，那么这款商品极有可能是有品牌保护的，这个时候不要冒着侵权的风险跟卖。
- 了解商品是否注册了品牌，可以通过搜索引擎搜索该商品的相关信息。
- 如果被投诉侵权，要立刻取消跟卖，并且积极和被跟卖的卖家沟通，了解是否真的发生了侵权行为。

（3）Listing 保护

如果自建了 Listing，就要做好后期的维护，以免过多的卖家前来跟卖，导致价格被压低，从而损失利润。可通过以下方式保护好 Listing。

① 注册品牌

注册品牌后到亚马逊平台备案，完成备案后会得到全球目录编码（Global Catalog Identifier，GCID），拿到 GCID 上传商品时，就不需要商品统一代码了，可以节省一部分费用。GCID 可以起到保护 Listing 编辑权的作用，当被跟卖时，卖家可通过 GCID 向平台投诉侵权行为。

② 商标备案

商标备案是指亚马逊官方的品牌申请说明（Brand Registry）过程，品牌备案只需要准备网站、以网站域名为后缀的电子邮箱、两张带有品牌的商品图片，提交亚马逊后就可以在 48 小时内完成备案。

③ 举报跟卖

如果有品牌的商品被别人跟卖，可以与跟卖的卖家联系要求他们取消跟卖，或者直接向“Amazon Seller Support”举报，亚马逊会警告跟卖卖家甚至关闭其账号。

2. Buy Box

Buy Box 位于每个商品页面的右上方，是买家浏览时最方便看见的“黄金位置”，只要买家单击“Add to Cart”按钮，就会把该位置上卖家的商品放到自己的购物车里，如图 2-5 所示。在同一时间段里，只有一个卖家可以得到 Buy Box 的位置。

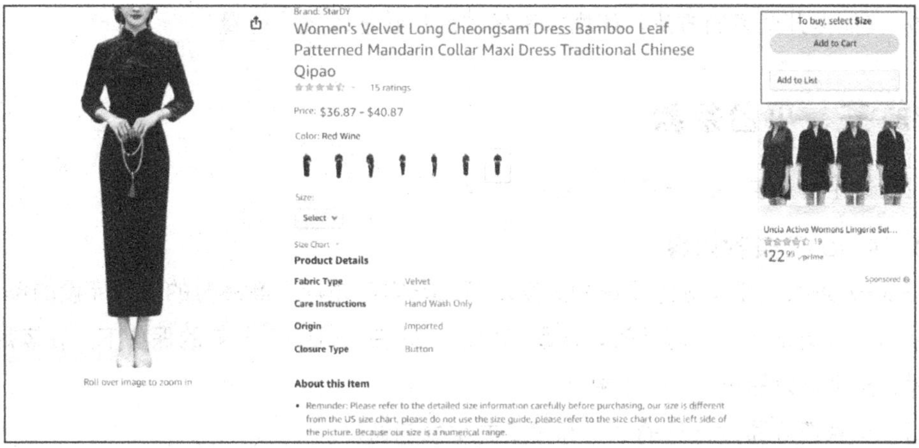

图 2-5　Buy Box

在亚马逊平台的运营策略中，抢占 Buy Box 是非常有必要的，占据 Buy Box 就意味着将会有大量的订单。

（1）Buy Box 分配原理

Buy Box 是系统通过计算卖家的综合素质来决定分配给哪个卖家的，其影响因素主要有以下几点。

① 配送方式：运用 FBA 将大大增加卖家获得 Buy Box 的概率。

② 最终价格：指卖家将商品运送给亚马逊时收取的价格（包括运费及关税）；卖家的评级越高，可以收取的价格就越高，同时还能保留 Buy Box 的位置。

③ 卖家评分：是卖家过去一年交易的综合得分，越近期的交易得分在综合评分中所占的比重越大。

④ 运输时间：亚马逊对运送时间的要求很高，亚马逊的运送时间标准分为 0～2 天、3～7 天、8～13 天、14 天。

⑤ 其他一些因素会综合影响系统的判断，如销售类别、订单数量等。

（2）得到 Buy Box 必须满足的条件

① 卖家拥有一个专业卖家账户。

② 卖家应是特色卖家。特色卖家是指卖家要在亚马逊上有 2～6 个月的销售记录，拥有比较高的卖家评级、送货评级，以及低于 1%的订单错误率。

③ 商品需要是全新的。

④ 商品必须有库存。

（3）如何提升抢占 Buy Box 的概率

① 确定一个高效的物流模式，缩短配送时间，建议选择 FBA。

② 降低订单缺陷率，服务好每一个买家。

③ 确定一个有竞争力的价格。

④ 做一个优秀的卖家，努力提高卖家评级。

⑤ 优化各个变量。

⑥ 其他提升概率的方法，如增加销售的商品数量以及库存量。

三、平台条款

亚马逊平台最重要的条款之一是 A-to-Z 条款。

1. A-to-Z 条款内容

A-to-Z 条款是亚马逊为了保护买家从第三方卖家处购买商品时的权益而设的条款。当买家从第三方卖家处购买商品时，商品和物流都处在 A-to-Z 条款的保护下。在满足以下情况时，买家可以提出 A-to-Z 索赔。

（1）买家已经通过自己的账号和第三方卖家沟通过。

（2）买家已等待 2 个工作日还未得到卖家的回复。

（3）满足以下情况中的任意一条，买家就可以提出 A-to-Z 索赔。

- 第三方卖家超过最长送达时间 3 天后或在下单日 30 天后，买家尚未收到商品，不论是哪种情况，都可以提出索赔。
- 买家收到的商品被损坏、有缺陷，或者与商品介绍有本质上的区别。
- 第三方卖家同意给买家退款但并没有退款，或退款数额有误。

注意：如果买家拒收包裹或者买家退回的包裹没有追踪号，买家的 A-to-Z 索赔不会被受理。

2. 卖家如何应对 A-to-Z 条款

（1）当买家的 A-to-Z 索赔尚未被核准受理时，卖家可以采取立刻全额退款的方式处理 A-to-Z 投诉。如果卖家不同意退款，应立刻提供相关陈述资料。如果卖家账户不支持退款，则可以请买家联系亚马逊客服协助处理。

（2）在有些情况下，即使亚马逊已经核实了买家的赔偿要求，但是此调查还在进行中，所以卖家还需要继续配合提供卖家应提供的资料；否则，卖家需要承担不回应 A-to-Z 索赔的责任。

（3）卖家需要注意，如果 7 天内不回应 A-to-Z 索赔的通知，亚马逊就会核准买家的赔偿要求，并且会从卖家账户中划去对应数额直接退款给买家。

（4）若收到 A-to-Z 索赔，如果明显是卖家的责任，卖家应该积极帮助买家解决问题，并退款给买家；如果是买家的责任，卖家可以主动向亚马逊提供证据。最重要的是要关注提醒信息，不要错过时间。

【想一想】

亚马逊的营销策略主要有哪些？

____

____

____

____

任务四 Wish

一、平台介绍

Wish 于 2011 年成立，是一款基于移动端 App 的商业平台，其登录界面如图 2-6 所示。最初，Wish 只是向用户推送信息，并不涉及商品交易，2013 年升级为购物平台。Wish 的系统通过计算买家行为等数据，判断买家的喜好、买家感兴趣的商品信息，并且选择相应的商品推送给买家。与多数电商平台不同，使用 Wish 的买家不太会通过关键词搜索浏览商品，更倾向于无目的地浏览。这种浏览方式比较受欧美地区的买家欢迎，所以 Wish 平台超过六成的买家位于美国和加拿大，以及一些欧洲国家或地区。

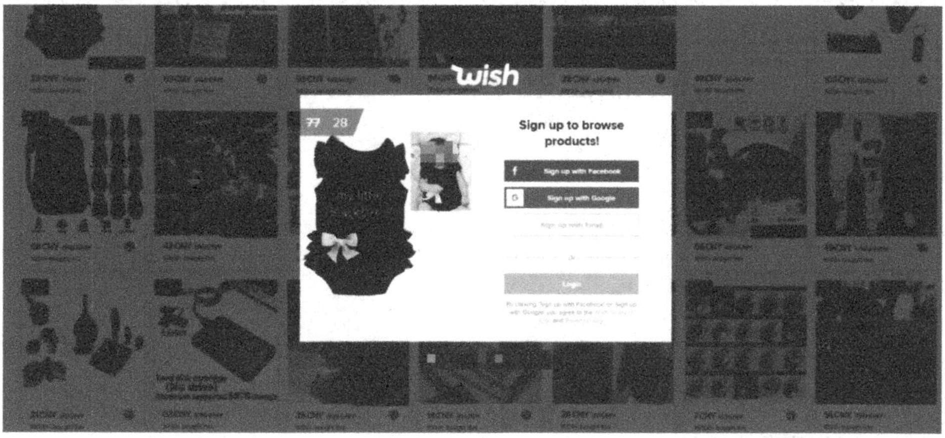

图 2-6 Wish 登录界面

二、销售方式

1. 平台特点

Wish 平台是在移动互联网的发展中诞生的，它和其他电商平台最大的区别在于它是基于移动端 App 的商业平台，买家是通过移动端浏览商品和购物的，所以卖家在 Wish 平台上运营要充分考虑以下特点。

（1）因为是在移动端浏览，所以买家的浏览一般是碎片化的，没有明确的购物目的，多以无目的的浏览为主。在这种情况下，买家做决策的时间也很短，容易冲动消费。

（2）有别于传统电商的买家购买模式（通过搜索、浏览想要购买的商品），Wish 买家是根据系统平台推荐的内容浏览自己可能感兴趣的商品的，是一种相对被动的浏览。

2. 商品推送原理

根据买家在注册时填写的基本信息，加上后期的浏览、购买行为，系统会为买家打上标签，并且不断地记录和更新买家标签，根据买家多维度的标签判断买家可能感兴趣的商品。这些计算都是由系统完成的，并且持续进行修正。

Wish 平台淡化了店铺的概念，注重商品本身的区别和买家体验。在商品相同的情况下，以往服务记录好的卖家会得到更多的推广机会。Wish 平台目前没有付费推广，随着时间的推移，Wish 会根据买家的体验优化计算方法和推送商品。

3. Wish 平台的主要销售类目

目前，Wish 平台的主要销售类目是时尚、小型电器、配饰、家居类，以后可能会增加母婴类。根据 Wish 买家的浏览方式，我们可以推测出在 Wish 平台上受欢迎的类目特点：商品种类丰富、使用更换频率高、有话题性等。由此可见，时尚类目是平台的主要类目。

新进入的卖家在选择类目时可以考虑即将被拓展的类目，避免激烈的竞争，为自己赢取更多的机会。

在选择商品时，卖家要注意一点：因为 Wish 的系统会避免在同一个页面或同一个推送下出现重复或相似度高的商品，所以在选择商品时要尽量考虑差异化。在其他平台上，同质化的商品可以通过低价来吸引流量、抢夺市场；但是在 Wish 平台上，同质化的商品可能就意味着没有曝光的机会。

三、售后服务

1. 退款退货

卖家默认接受 Wish 平台的“100%保证买家满意”政策，即接受“收货 30 天无条件退换货”条款。如果卖家不想接受此政策，则可以在“后台”—“账户”—“设置”—“退款政策”中进行修改。

2. 反馈系统

订单发出后 Wish 会要求买家做出评价，评价内容包括物流时间、描述相符和服务满意度。

评价系统为 5 星制，5 星最高，1 星最低。Wish 会根据卖家设置的发货时间来判断买家是否收到货，并向买家发出评价要求。因此，卖家要准确设置发货时间；否则，买家可能会在还没收到货时就收到系统发送的评价要求。

【想一想】

Wish 平台的售后服务有哪些弊端？

____

____

____

____

任务五 Lazada

一、平台介绍

Lazada（来赞达）是东南亚地区的在线购物网站，其首页如图 2-7 所示。Lazada 的目标用户主要来自印度尼西亚、马来西亚、菲律宾及泰国等国家和地区。

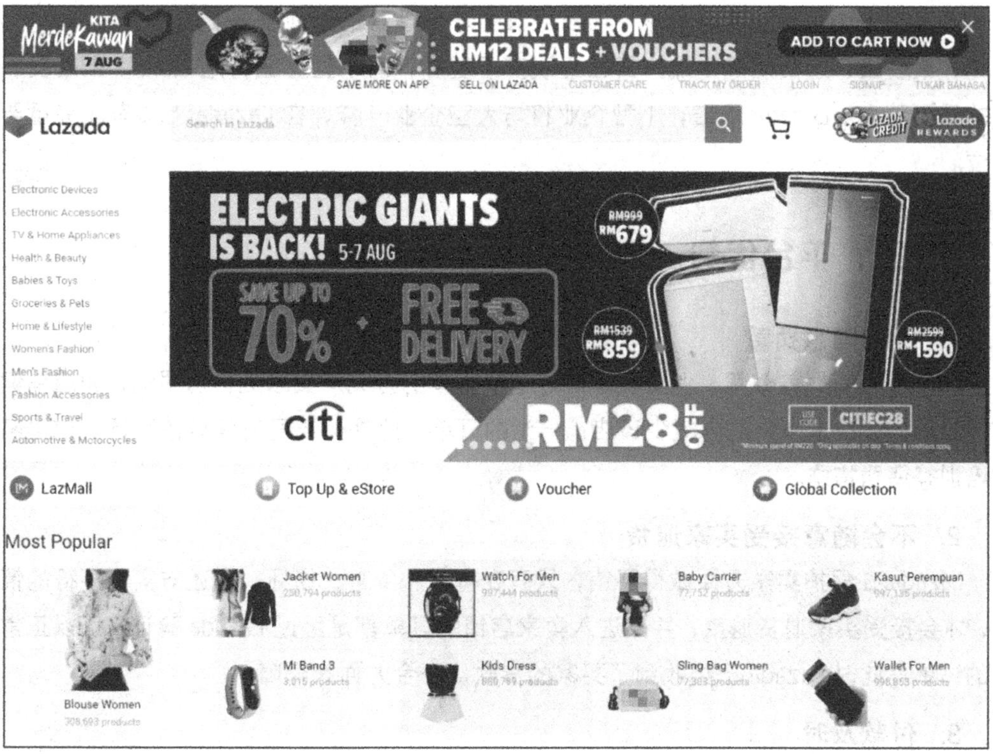

图 2-7 Lazada 首页

Wish 所有订单都来自移动端，而 Lazada 未雨绸缪，目前正同步发展 PC 端与移动端；同时 Lazada 的销售规则很贴近亚马逊。

Lazada 目前已经在印度尼西亚、马来西亚、菲律宾、新加坡、泰国、越南 6 国开展业务，Lazada 希望通过与年轻用户的接触，保持年轻化运营，走在行业发展前沿。

二、盈利方式

东南亚是一个巨大的“蓝海市场”，它的用户年轻有活力，拥有很强的购买力。2015 年，整个东南亚的网络零售额接近 55 亿美元（1 美元约合 6.52 元人民币），到 2018 年接近 233 亿美元，增长超过 3.2 倍，几乎每年都是以约 100%的速度在增长。据估计，东南亚电商业态的网络零售额在 2025 年会超过 1000 亿美元。

为了建立自己的电商空间和供应链，Lazada 已经采取了一系列创新举措，例如货到付款、大部分地区可次日达、设置用户提货点等。Lazada 可通过在自己的网站上销售供应商供应的商品，赚取佣金；也可以从自有商品的销售中获得利润。除此之外，Lazada 还可以获得广告收入，而且其拥有自身大部分的供应链和物流系统，其他供应商如果想使用这些基础设施，必须支付一定的费用，这也是 Lazada 的一大潜在收入来源。

因此，Lazada 的盈利方式与亚马逊大致相同。Lazada 为了与阿里巴巴集团接轨，也做了很多工作。Lazada 希望通过自身商业模式和技术的进步，加速在东南亚市场的发展。

Lazada 的目标是到 2030 年达到 3 亿用户，同时在平台上创造 2000 万个工作岗位，有 800 万家中小型企业卖家入驻。伴随经济全球化趋势的不断发展，国际贸易持续扩大、深化，集装箱、运货船等物流方式已经改变了世界，而小型企业将是 Lazada 未来发展进步的重要动力。Lazada 承诺，小型企业将与大型企业一样，在 Lazada 上具有同等重要的地位。

三、平台优势

1. 不会随意罚款

Lazada 也有罚款政策，但更多是通过减少订单的方式对卖家进行惩罚的，如店铺健康指标超标，会在未来一周内减少该店铺一半的订单。此外，还有暂停店铺经营、让卖家参加培训等惩罚措施。

2. 不会随意接受买家退货

Lazada 在保护卖家方面做得不错，只有在寄错、少寄、损坏、描述与实物不符的情况下，才会接受买家退货退款，并且进入卖家店铺的订单都是经过 Lazada 验证、可以正常发货的订单，此时 Lazada 已经收到了买家的货款，资金方面有保障。

3. 付款及时

Lazada 会通过系统和人工定期检测运单号在物流平台上的签收记录。如果包裹显示已经妥投、买家签收，则这笔订单收入将在下周五进入卖家的 Payoneer 账户。自 Lazada 与 Payoneer（一家收款公司，中文名为“派安盈”）正式合作以来，Lazada 打款都是以应用程序编程接口对接直接入账 Payoneer 企业账户的。这个操作是自动完成的，每周五免费到账，接下来卖家只需要将钱提现到对公银行账户或者公司的法人代表或股东账户即可。

4. 商品质量审核

Lazada 的商品质量审核较严格。除了时尚品类，其他所有品类的商品图片都要求白底，还不允许有任何不相关的内容出现（标注了爆款、新品、包邮字样的图片都无法通过审核），有水印和倒影的图片或多图组合无法通过审核。此外，对于可能涉及侵权知名品牌的商品会被平台拒绝上线。

拓展案例

如何应对跨境电商“下半场”

不管是要进入新的细分市场、打造新的商品和业务模式，还是创造新的接触点或收益流，以下四大途径都能帮助卖家在未来5年从不同的角度找到跨境电商的增长新机遇。

途径一：聚焦“金字塔”底端，寻求增长新机遇

事实上，下一个增长机遇来自那些以往被忽视的人群。想要在未来的电商业务中走得更远、更广，就要从尚未提供服务或服务不到位的细分市场着手，消除这些细分受众的障碍。

途径二：超本地化是通往全球本土化的最佳途径

全球各地的买家都在追求个性化体验，希望卖家能够满足其独特的文化、价值观和功能需求。想要制胜跨境电商“下半场”，卖家就必须注重满足每个细分市场来自基层的根本需求，在当地市场取得成功后，再进一步在全球范围内寻找类似社群进行大规模扩展。

途径三：将购物与一切活动相连，创建多样化的购物入口

互联网及移动设备的普及率将持续提高，电商从业者应该顺应趋势，在线下和线上同时创建多样化的购物入口，将商品和服务与买家的一切活动紧密相连，并通过优质的内容营销紧紧抓住买家的注意力，提高商品转化率。

途径四：超越卖家定位，通过合作赋能中小企业，共同成长

在未来，中小企业将成为跨境电商业务增长的重要引擎。与其他企业合作，整合资源和生产力，能够更好地满足价值链上的不同需求，增强跨境业务的灵活性和竞争力，帮助所有参与者扩大业务规模。

【想一想】

王明是杭州丝绸贸易公司的经理，他们公司准备在跨境电商平台销售绘有龙凤、牡丹、梅花、荷花、水墨画等图案的中国旗袍。请根据各平台的特点和规则选择一款平台开设店铺并说明理由。

____

____

____

____

项目小结

本项目主要针对不同跨境电商平台展开介绍与分析，通过介绍阿里巴巴国际站、全球速卖通、亚马逊、Wish、Lazada 的基本情况、运营模式、销售方式、平台条款及盈利方式等，使读者提升对跨境电商平台的认知，加深其对跨境电商知识的理解，为其后续了解跨境电商的运营工作做好铺垫、打下基础。

同步实训

本实训为跨境商务平台认知综合实训，通过对跨境电商平台的销售市场、用户规模、用户消费特点进行分析，让读者对跨境电商平台有基础的认知，进而从运营模式着手，深入了解跨境电商平台的运营模式、卖家入驻条件、支付方式，对跨境电商平台建立完整的认知。此外，读者还会通过对跨境电商平台的营销模式和营销费用进行分析，对跨境电商平台的销售方式形成全面的认识。

1．对不同跨境电商平台的销售市场、用户规模、用户消费特点进行分析，使读者能够在分析过程中加强对跨境电商平台的认知，请将收集到的信息填写到表 2-2 中。

表 2-2　跨境电商平台市场认知

跨境电商平台	销售市场	用户规模	用户消费特点
阿里巴巴国际站			
全球速卖通			
亚马逊			
Wish			
Lazada			

2．对不同跨境电商平台的运营模式、卖家入驻条件和支付方式进行分析，使读者具备分析跨境电商平台特点的能力，请将收集到的信息填写到表 2-3 中。

表 2-3　跨境电商平台特点认知

跨境电商平台	运营模式	卖家入驻条件	支付方式
阿里巴巴国际站			
全球速卖通			
亚马逊			
Wish			
Lazada			

3．结合项目内容和互联网调查分析，对比不同跨境电商平台的营销模式和营销费用，掌握不同跨境电商的销售方式，请将收集到的信息填写到表 2-4 中。

表 2-4　跨境电商平台营销方式认知

跨境电商平台	营销模式	营销费用	销售方式
阿里巴巴国际站			
全球速卖通			
亚马逊			
Wish			
Lazada			

项目三

跨境电商平台操作

主流的跨境电商平台（如阿里巴巴国际站、全球速卖通、亚马逊等）牢牢占据了跨境电商的大部分市场份额，卖家若想涉足跨境电商，需要确定目标市场，选择适当的平台申请开通店铺并经营。本项目将选取全球速卖通做详细操作介绍，帮助读者开展市场调研、货源渠道确认；掌握店铺开通、商品上架编辑、关键词选取、定价、模块设置等与平台运营相关的实际操作内容。

学习目标

知识目标

1. 了解选品的重要性；
2. 了解选择货源渠道的重要性；
3. 熟知全球速卖通平台店铺开通、实名认证等相关知识；
4. 熟知全球速卖通店铺商品上架、模块管理、订单管理等内容。

能力目标

1. 掌握选品的方法；
2. 掌握货源渠道选择方法；
3. 能够进行全球速卖通平台的入驻申请，提交验证资料，完成开店操作；
4. 能够借助跨境电商平台完成信息收集、发布、推广，商品销售及买家管理，店铺管理等工作。

素质目标

1. 具备团队合作精神，能够小组协调分工；
2. 具备新时代的奋斗精神、创造精神，积极创业。

学习导图

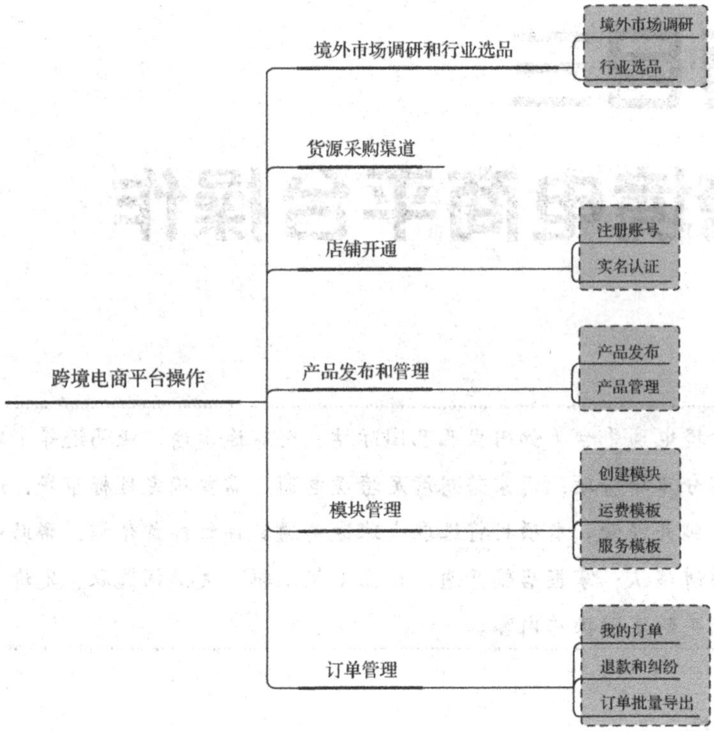

图 3-1　本项目内容结构

任务一　境外市场调研和行业选品

一、境外市场调研

受政策引导、市场环境改善等诸多利好因素影响，我国出口跨境电商行业保持着不断扩张的态势。目前，无论是在欧美、日韩等国家和地区，还是在新兴市场中，网购方式覆盖的人群越来越广。

1. 数据化分析跨境电商趋势

（1）我国出口跨境电商市场结构占比统计情况

从出口跨境电商市场结构来看，B2B 仍是市场交易主体。2018 年，B2B 出口跨境电商交易规模达 5.7 万亿元，占出口跨境电商交易总额的 80.3%。但是观察 2013—2018 年我国出口跨境电商市场结构占比统计情况，可以发现 B2B 出口跨境电商交易份额占比有逐年下滑的趋势，而 B2C 出口跨境电商交易份额占比则不断提高，市场潜力或将不断释放，如图 3-2 所示。

目前，B2B 出口跨境电商平台普遍由纯信息服务模式向在线交易模式及综合服务商角色转变。从提供单一的服务向多种服务并举，满足了中小外贸企业的线上化发展需求，增强了平台用户黏性及盈利能力。未来随着云计算、大数据、人工智能等新兴数字技术广泛应用于跨境贸易服务、生产、物流和支付环节，B2B 出口跨境电商规模有望迎来新一轮增长。

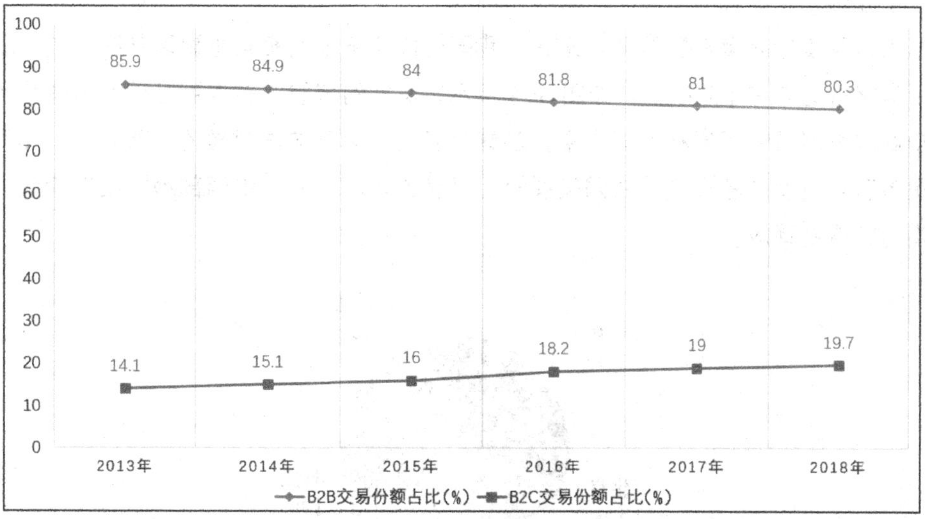

图 3-2　2013—2018 年我国出口跨境电商市场结构占比统计情况

（2）我国出口跨境电商交易规模统计及增长情况

相关数据显示，2019年，我国出口跨境电商交易规模为 7.9万亿元，同比增长了 11.26%，如图 3-3 所示。尽管出口跨境电商交易规模增速不断下滑，但仍明显快于我国电商行业规模的增速。

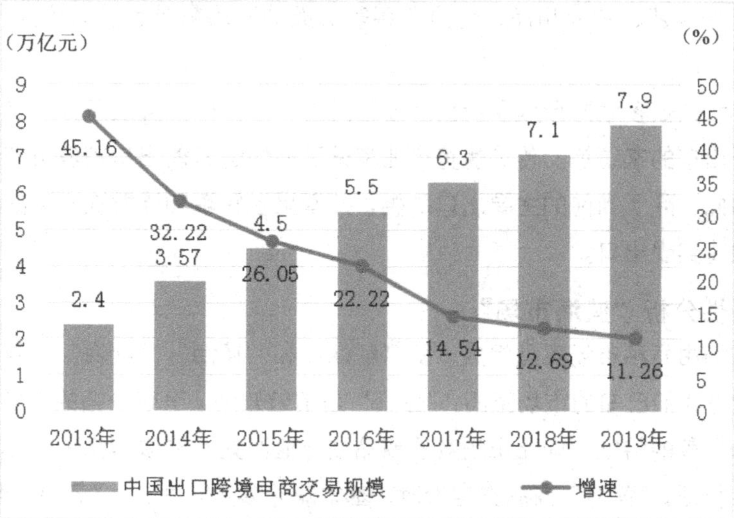

图 3-3　2013—2019 年我国出口跨境电商交易规模统计及增长情况

（3）我国出口跨境电商出口国家分布情况

从出口跨境电商出口国家分布来看，美国、法国等国家依然是我国出口电商的主要目的地，这主要是因为这些国家基础设施完善，具有较为成熟的网络购物环境。近年来，俄罗斯、巴西、印度等新兴市场蓬勃发展，也吸引了我国的大量电商企业及卖家纷纷布局。新兴市场有广阔的电商发展基础，电商发展潜力巨大，是下一波“蓝海市场”所在，是我国出口跨境电商发展的重要增长点。

（4）我国出口跨境电商卖家区域分布情况

从出口跨境电商卖家区域分布来看，我国出口跨境电商卖家主要聚集在广东、浙江、江苏，卖家占比均在10%以上，如图3-4所示，良好的传统外贸发展基础为这些地区出口跨境电商的发展提供了便利。而未来，随着跨境电商卖家群体规模的不断壮大，卖家群体将向更多有外贸发展基础及互联网发展较为迅速的区域延伸，中西部地区出口跨境电商发展的潜力将得到释放。

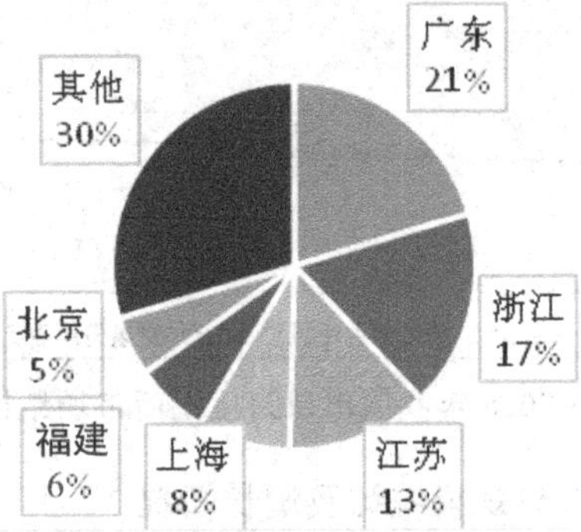

图3-4　2018年我国出口跨境电商卖家区域分布情况

（5）我国出口跨境电商卖家品类分布情况

从出口跨境电商商品来看，3C类电子商品消费品一直是全球跨境电商平台最畅销的品类；此外，家居园艺、户外用品、健康美容等品类的商品需求也较为庞大，占比也在5%以上。

事实上，我国很多地方形成了特色产业带经济，如广州的女装箱包、佛山的童装、顺德的小家电、山东的家纺等。传统优势产业基础正在快速赋能出口跨境电商，使其得以更好地发展。因此，除了当前的主要出口品类，随着更多跨境物流解决方案的应用，我国更多商品品类也将实现出口。

2. 战略性分析“蓝海市场”

现存的市场由两种市场类型组成，即“红海”和“蓝海”。“红海”代表现今存在的所有产业，也就是我们已知的市场空间；“蓝海”是指未知的、有待开拓的市场空间。“蓝海”商品具备一个显著的特征，即无市场竞争商品或行业尚处于非激烈竞争阶段的商品。

基于以上特征，“蓝海”商品在定价时，基本缺乏参照。同样，“蓝海”商品的“蓝海”阶段是短暂的，随着跟随者的进入，“蓝海”商品将渐渐驶出“蓝海”，进入渐渐激烈的行业竞争。因此，“蓝海”商品的定价就更应具备战略性、竞争性和前瞻性。

价值创新是“蓝海”战略的基础。企业凭借其创新能力能获得更快的增长和更高的利润。“蓝海”战略要求企业突破传统的残酷竞争所形成的“红海”，拓展新的竞争性的市场空间，考虑如何创造需求、突破竞争，如表 3-1 和表 3-2 所示。

表 3-1　“红海”战略和“蓝海”战略的特点对比

“红海”战略	“蓝海”战略
竞争于已有市场空间	开创无人争抢的市场空间
打败竞争对手	规避竞争
开发现有需求	创造和获取新的需求
在价值与成本之间权衡取舍	打破价值与成本之间的权衡取舍

表 3-2　企业“红海”战略和“蓝海”战略的区别

“红海”战略：竞争—随需应变	“蓝海”战略：价值创新—创造需求
在“红海”中，产业边界是明晰和确定的，竞争规则是已知的。竞争是“红海”战略永恒的主题	在“蓝海”中，竞争并不激烈，行业的竞争规则还没有形成。价值创新是“蓝海”战略的基础
企业提高市场份额的典型方式，就是努力维持和扩大现有买家群体	“蓝海”战略认为市场的边界并不存在，所以思维方式不会受到既有市场结构的限制
通过对买家的需求变化的追踪来提升自己的应变能力，被称为“随需应变”	着眼点就是应该从供给转向需求，从竞争转向发现新需求的价值创造

“蓝海”行业充满新的商机和机会，寻找“蓝海”行业是每一个卖家心中的期盼。“蓝海”行业和“红海”行业只是相对而言的，在“蓝海”行业中，随着时间的推移，新进入的竞争者增多，流量爆发期过后也会出现价格“搏杀”的局面。

全球速卖通平台也为卖家推荐了 10 个以上的“蓝海”行业，具体操作如下，首先登录店铺后台，然后在“数据纵横”页面单击“行业情报”（见图 3-5），就能看到“行业概况”和“蓝海行业”，如图 3-6 所示。卖家可根据各自店铺的具体情况，寻找合适的“蓝海”行业和“蓝海”商品。

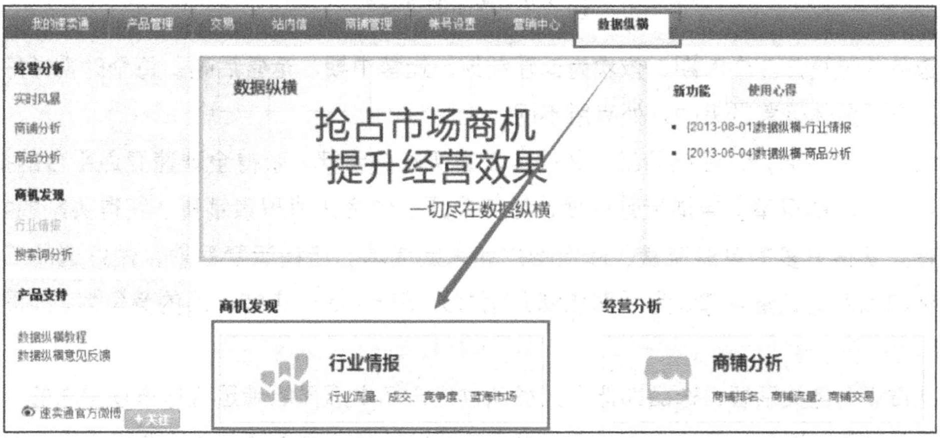

图 3-5　单击“数据纵横”—“行业情报”

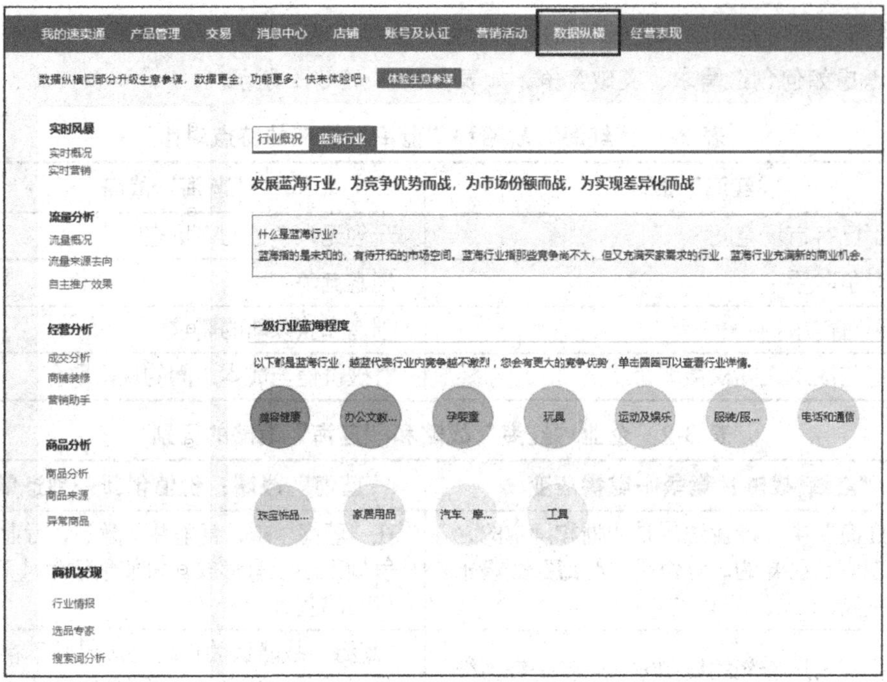

图 3-6 “蓝海行业”页面

二、行业选品

1. 选品的重要性

选品的重要性对卖家来说不言而喻，选品作为店铺运营策略的一部分，也被视为整个运营策略的基石。选对产品对产品本身的销售和店铺后期的成长至关重要，如图 3-7 所示。

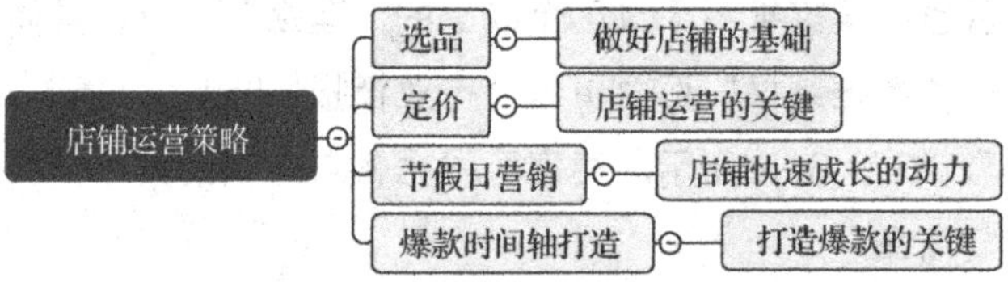

图 3-7 选品的重要性

选品的过程分 3 个时期，依次为运营前期、运营中期、运营后期。每个时期做好选品工作给店铺整体运营带来的好处有所不同。

店铺运营前期，做好选品工作将快速获得买家的青睐、获得全球速卖通平台的推荐、提高买家下单的概率。店铺运营中期，做好选品工作将快速积累销量、获得买家的好评、从平台处获得更多的自然流量、降低推广和采购成本。店铺运营后期，做好选品工作将为店铺增加新的销量入口、为后期店铺营销打好基础、提升店铺产品的竞争力，如图 3-8 所示。

从市场角色关系看，选品即选品人员从供应市场中选择能满足目标市场需求的产品。从这个角度看，选品人员一方面必须把握买家需求，另一方面要从供应市场中选出质量、价格和外观最符合目标市场需求的产品。成功的选品，最终能够实现供应商、买家、选品人员三者的共赢。

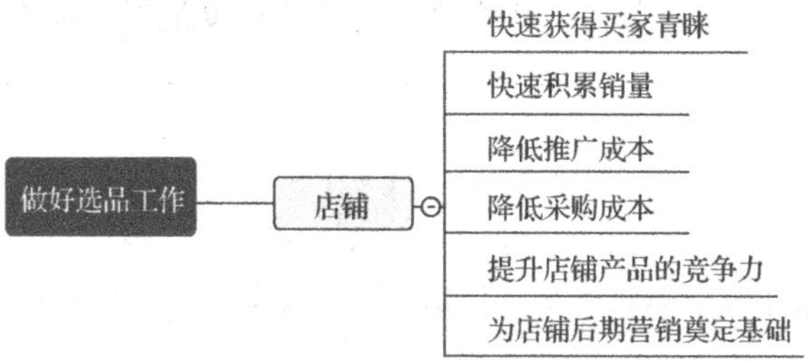

图 3-8　做好选品工作的好处

从买家需求的角度看，选品要满足买家对某种效用的需求，如带来生活便利、消除负面情绪等方面的心理或生理需求。从产品的角度看，选出的产品，要在外观、质量和价格等方面满足目标买家的需求。由于需求和供应都处于不断变化之中，所以选品也是一个无休止的过程。

选品思路：网站定位—行业动态分析—区域需求分析—品相参考—产品开发与信息加工。

在把握网站定位的前提下，选品人员应研究需要开发产品所处行业的出口情况，获得对供需市场的整体认识；借助数据分析工具，进一步把握目标市场的消费规律，选择正确的参考网站，最终结合供应商市场，进行有目的的产品开发。

2. 数据化选品——生意参谋

全球速卖通后台的“生意参谋”模块，也为新手卖家提供了选品数据支持，具体操作如下。在“生意参谋”页面，单击“选品专家”，可以看到“热销”和“热搜”数据情报，如图 3-9 所示。我们可以通过行业、国家/地区、时间 3 个维度来筛选数据，并导出最近 30 天的原始数据进行处理分析。

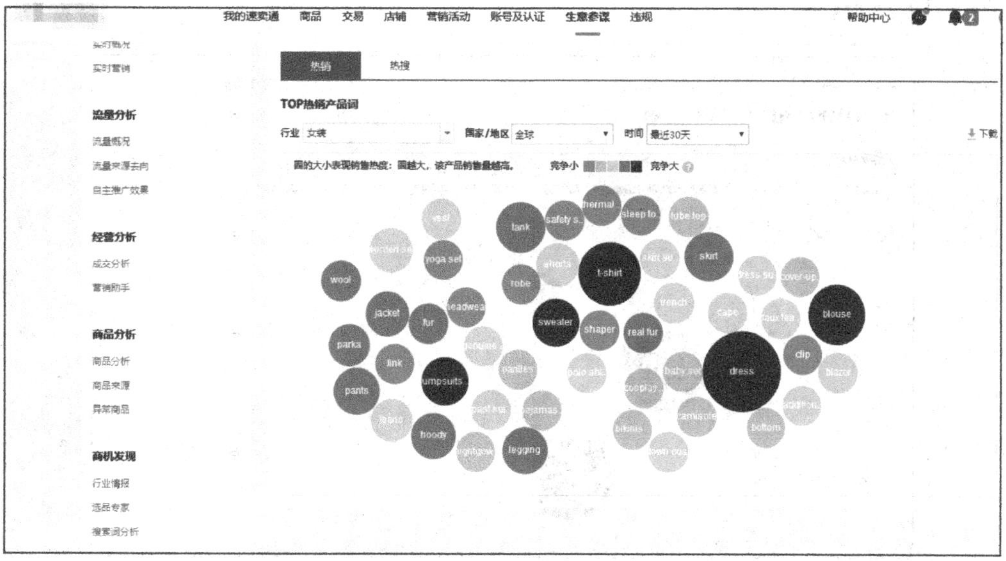

图 3-9　全球速卖通后台“生意参谋”页面

打开“选品专家”中的“热销”数据页面，页面的主区域展示的是“TOP热销产品词”，其中用一个圆来代表一种产品，圆的大小代表销售热度，圆的不同颜色代表不同的竞争程度。圆越大，产品越热销；深蓝色，代表产品的竞争程度最低，如图 3-10 所示。

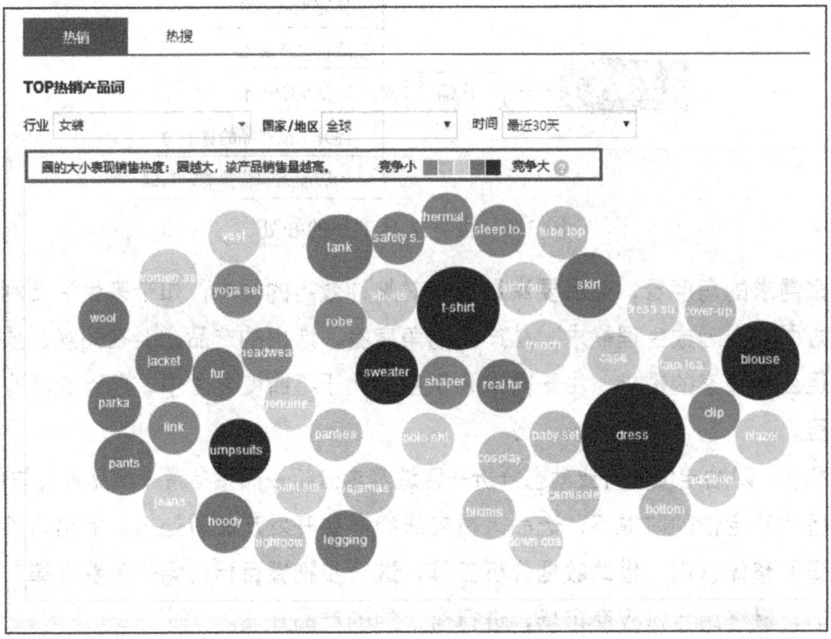

图 3-10　TOP 热销产品词

单击代表“dress”的圆，进入热销选项的次级页面——“销量详细分析”页面。此页面有“TOP 关联产品”的“TOP 热销属性”两个区域。

在“TOP 关联产品”区域中，圆的大小和颜色代表的意思和“热销”数据页面相同，圆之间的连线的粗细代表了买家的同时关注度，所以可以将其作为关联产品选品的依据，如图 3-11 所示。

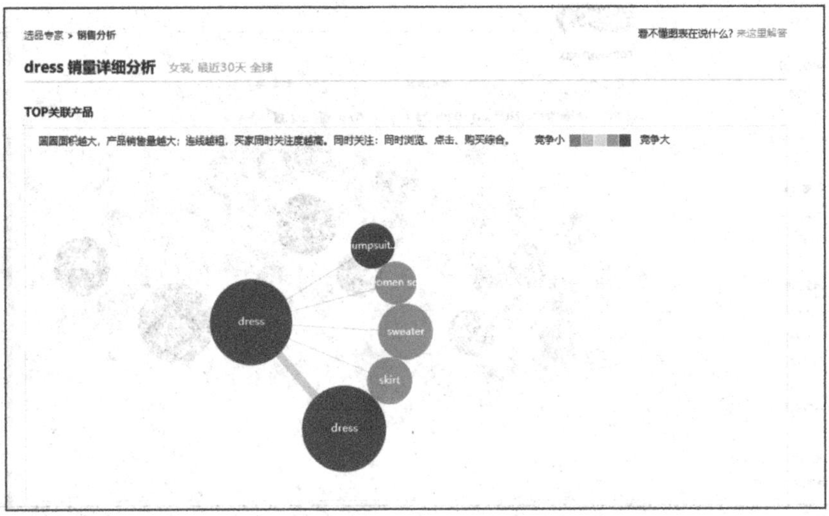

图 3-11　TOP 关联产品

在“TOP 热销属性”区域中，圆的大小和颜色代表的意思和“热销”数据页面相同，在这里可以展开观察各属性的销售热度，可导出最近 30 天的原始数据做进一步分析，如图 3-12 所示。

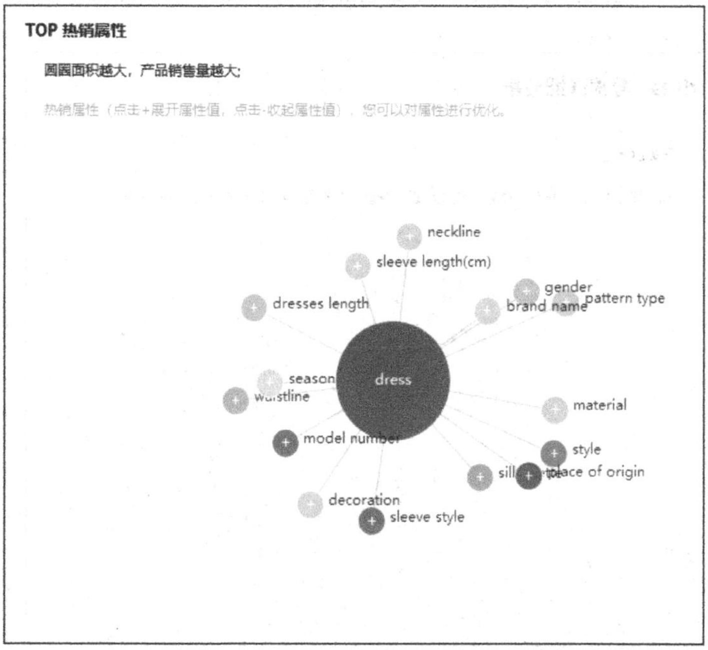

图 3-12　TOP 热销属性

打开“选品专家”中的“热搜”数据页面，页面的主区域展示的是“TOP 热搜产品词”，其中用圆来代表产品，圆的大小代表销售热度，如图 3-13 所示。

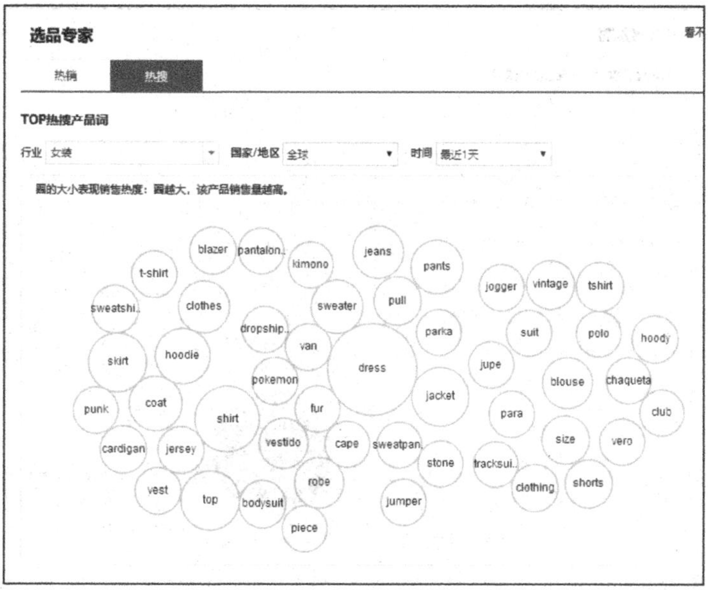

图 3-13　TOP 热搜产品词

单击代表“dress”的圆，进入热搜选项的次级页面——“dress 搜索详细分析”页面。

此页面有“TOP 关联产品”和“TOP 热搜属性”两个区域。

在“TOP 关联产品”区域中，圆的大小代表的意思和“热搜”数据页面相同，圆之间的连线的粗细代表买家的同时搜索度，所以其可作为关联产品选品的依据，如图 3-14 所示。

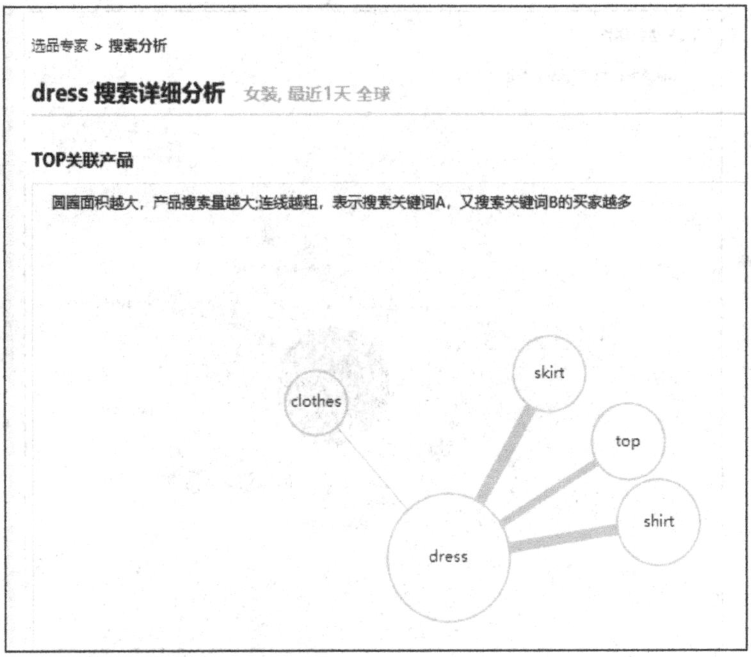

图 3-14 TOP 关联产品

在“TOP 热搜属性”区域中，圆的大小代表的意思和“热搜”数据页面相同，在这里可以展开观察各属性的搜索度，可导出最近 30 天的原始数据做进一步分析，如图 3-15 所示。

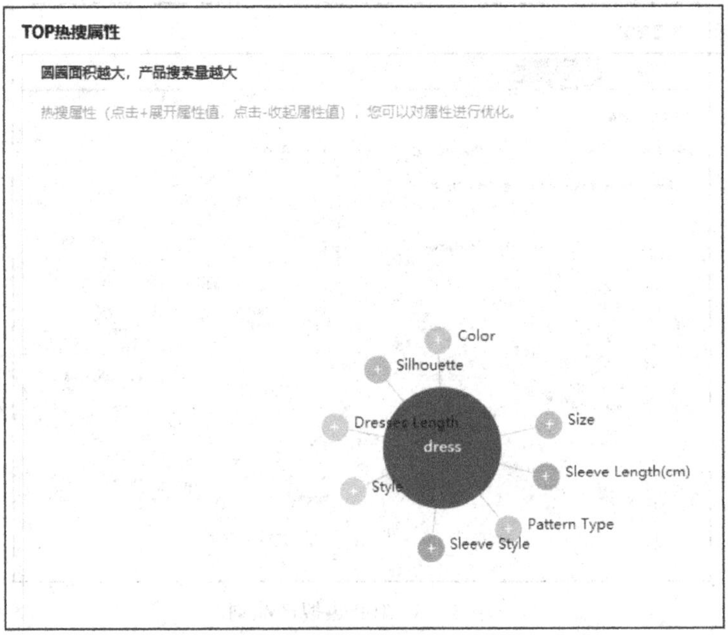

图 3-15 TOP 热搜属性

【想一想】

请结合本任务内容，思考在欧洲市场销售中国绿茶，如何选品和定位?

____

____

____

____

任务二　货源采购渠道

无论是传统外贸还是跨境电商外贸，找货源都是广大卖家最为苦恼的事情。对于卖家来说，有了好的货源，接下来的事情就能水到渠成。优质的货源无疑是卖家获得更多订单、赚取更多利润的基础。因此，卖家在考虑采购渠道时，可以从质量、议价空间、是否便捷等因素进行综合考虑。下面介绍几种常见的寻找货源的方法。

1. 利用人际关系寻找货源

如果自己的家人或朋友开实体店，或者之前与一些厂家合作过，那就需要及时利用好自己的人际关系。这样能够更好地把控产品的质量，节省成本，产品售后也有保障。

2. 在 B2B 网站上批发

阿里巴巴集团的 1688 采购批发网是目前较为主流的 B2B 网站，拥有近千万的用户群体，其中大多是生产厂家或批发商，既有来自世界各地的采购商，也有全国各地的厂家和贸易商。我们通过 1688 采购批发网这样的专业采购批发网站寻找货源，可以省去很多不必要的中间环节，从而大大降低采购成本。当然还有一些其他比较好的采购批发网站，如慧聪网等，都有各自的特点。

3. 做网店代理或代销

分销网站一般采用一件代发的经营模式，产品直接由供应商发给买家，不经过卖家的手。在网站上寻找货源的优点是品类齐全、可供挑选的对象多；但是缺点也很明显，容易上当受骗、对产品的品质监控力度不足。因此，选择分销网站时需要注意，尽可能挑选大型的分销网站。

4. 直接在淘宝网上查找

淘宝网上有很多有实力的大卖家，其中就有提供批发或代销服务的卖家。我们可以多了解一下这些大卖家，看看他们的买家对产品的评价如何，如果质量和货源都比较稳定，就可以使用这种采购方式。

5. 去当地的批发市场

如果资金比较充足，去批发市场采购是最直接的。这种寻找货源的方法是指到货物的生产地或者货物的集散地进行采购。这种方法能够使我们直接看到货源，可以更好地把控产品的质量，但同时也会导致成本的增加，并且对于个人在行业中的熟悉程度要求高，不推荐刚刚涉足某个行业的新手使用。

知识链接

货源常见问题分析

对于卖家来说，确定了想要售卖的产品后，选择何种采购渠道也是一件苦恼的事情。如果是新手，在看到利润之前是不敢贸然大量采购的，只会在有订单后再做采购，或者投入少量资金先进行一次尝试；如果是兼职卖家，则没有太多时间去市场挑货。下面我们分析一些新手卖家寻找货源的常见问题，如表3-3所示。

表3-3 寻找货源的常见问题

常见问题	解决方式	风险
因是新手，在看到利润之前，不敢贸然大量投资囤货，会选择在接到订单后再采购，零库存	零售的订单，去其他店铺进货	有可能遇到其他店铺断货的情况，造成成交后无货的问题
因有全职工作，兼职开店铺，没有时间去市场挑货	批发的订单，去有批发性质的网站进货，也可以加入一些比较可靠的行业信息群，了解最新信息的同时掌握一手货源	金额稍大的订单采购存在一定的风险
只考虑投入少量资金，体验一下售卖过程	不囤货、零库存，避免预算无效使用	有订单再采购，可能遇到物流延误等不可抗拒情况，导致超过发货周期

寻找货源最重要的注意事项是不要跟风，不要看见别的卖家卖什么卖得火，自己就跟着卖，这是生意场上的大忌讳。知己知彼，要将自身的具体情况和外部条件综合起来，比较之后再做出决定。除了货源，还要根据自己的时间条件做出决定。如果你是上班族兼职开店铺，那你就要确定你是否有充足的时间去处理进货、发货等一系列细节问题。售后服务和寻找货源同样重要。作为一个卖家，你对行业知识懂得越深、越精，买家越会觉得你是行家，才会对你有信任感，才有可能和你达成交易。

【想一想】

请结合本任务内容，思考除了上述渠道，还有没有其他的采购渠道。

任务三　店铺开通

店铺开通是网店运营的第一步，它与卖家的资质、店铺的品类和账户信息的设置有着密不可分的联系。本任务将以全球速卖通平台为例讲解店铺开通、实名认证等一系列操作。全球速卖通是阿里巴巴集团帮助中小企业直接与全球的个人消费者展开在线交易的跨境电商平台，集商品展示、客户下单、在线支付、跨境物流等多种功能于一体，可实现小批量、多批次快速销售，拓展中小企业的利润空间。

一、注册账号

进入全球速卖通首页，单击右上角的“立即入驻”按钮，如图 3-16 所示。

图 3-16　单击“立即入驻”按钮

进入注册界面，全球速卖通现在统一采用电子邮箱注册，填写电子邮箱账号进行验证，验证完成后单击“下一步”按钮，如图 3-17 所示。

图 3-17　电子邮箱注册页面一

系统会将验证邮件发送到注册填写的电子邮箱，单击“请查收邮件”按钮，会跳转至电子邮箱登录页面，如图 3-18 和图 3-19 所示。

图 3-18　电子邮箱注册页面二

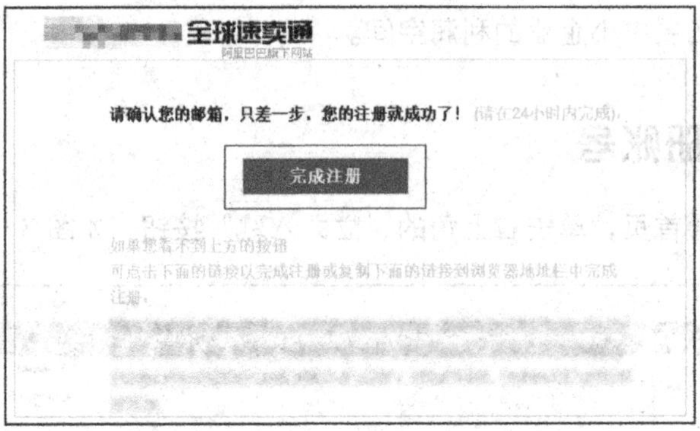

图 3-19　电子邮箱确认页面

单击“完成注册”按钮，跳转到全球速卖通注册页面，如图 3-20 所示。填写注册信息，其中“经营模式”选定后不可更改，不过对账户没有太大的影响。

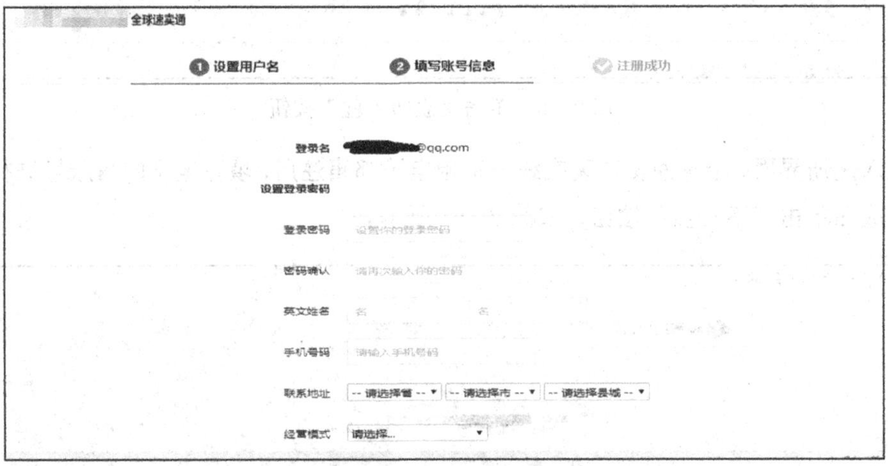

图 3-20　注册信息填写

填写完成后，单击最下方的“确认”按钮，账号注册成功。

二、实名认证

全球速卖通平台优化升级后，卖家只能经营企业店铺。申请实名认证后的店铺如图 3-21 所示。

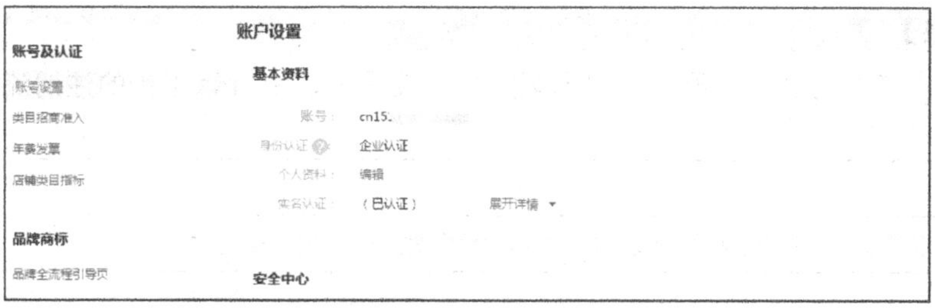

图 3-21　实名认证页面

企业实名认证资料填写完成之后，需要进行支付宝认证，完成支付宝认证后，跳转到支付宝登录页面，登录支付宝账号，如图 3-22 所示。

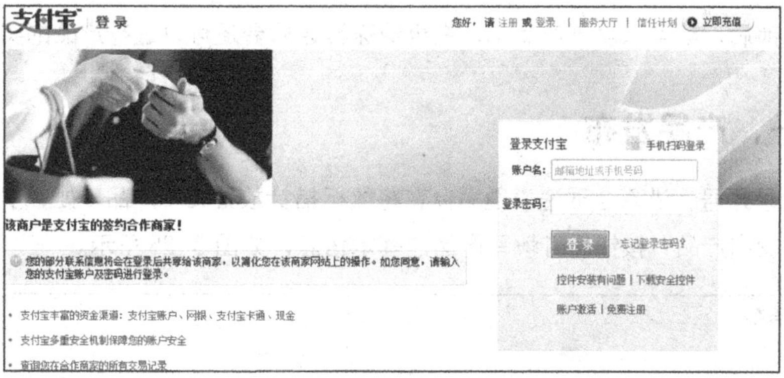

图 3-22　支付宝登录页面

登录支付宝账号后，需要支付宝进行授权，如图 3-23 所示。

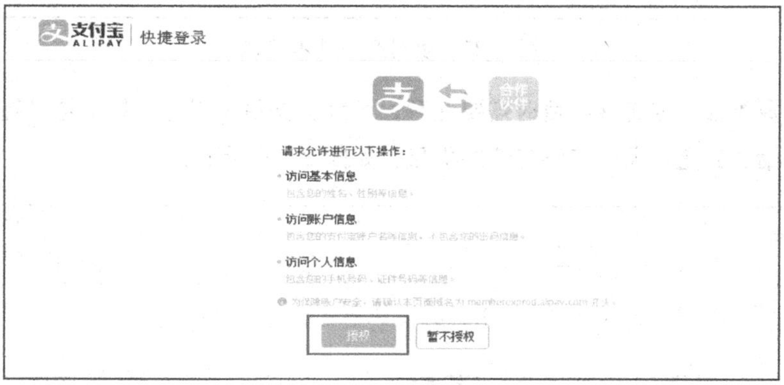

图 3-23　支付宝授权页面

单击“授权”按钮，提示“您的账号已注册成功”，如图 3-24 所示。

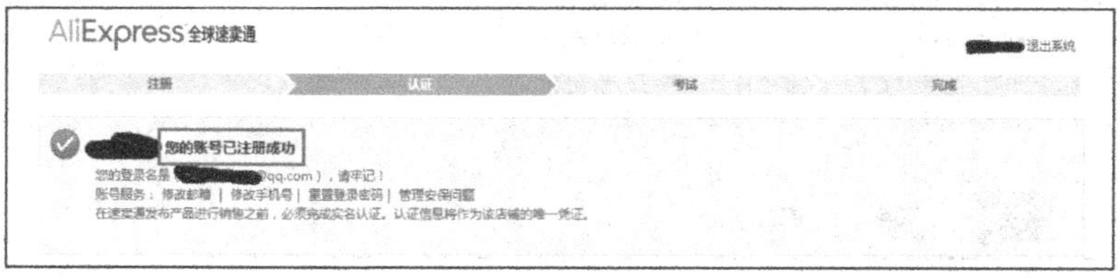

图 3-24　授权成功页面

【想一想】

请结合本任务内容，了解阿里巴巴国际站、亚马逊、Wish 等平台的注册流程步骤。

____

____

____

____

任务四　产品发布和管理

开通店铺后，就可以发布产品了，在全球速卖通后台还可以进行产品的实时管理。

一、产品发布

（1）登录账号，进入全球速卖通后台，将鼠标指针放置在“产品”处，下方出现子列表，单击“发布产品”按钮后可填写产品的基本信息，如图 3-25 所示。

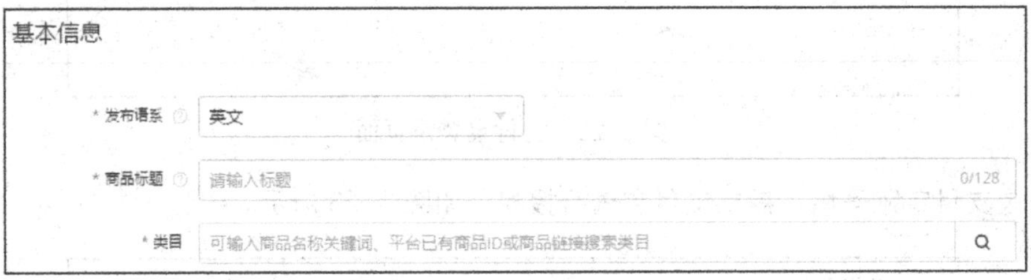

图 3-25　填写产品基本信息

（2）选择类目。在选择类目时需要注意，可经营类目（黑色字体）是已经向平台申请开通的。初始类目是注册账户时勾选的类目，如图 3-26 所示。

图 3-26　选择类目

（3）进入产品编辑页面。产品的规格信息是平台给定的，卖家只需要根据产品的详情勾选即可，如图 3-27 所示。

图 3-27　产品编辑页面一

其中，需要注意“商品标题”“商品图片”“产品详细描述”的编辑。“商品标题”可加入与产品主要功能、亮点等相关的形容词，撰写时首字母需大写，尽量避免出现 of、about 等介词，以防在搜索时平台无法抓取，商品图片按平台要求填写，如图 3-28 所示。

图 3-28　产品编辑页面二

“产品详细描述”展示如同天猫或淘宝网的详情页，是由很多图文结合的图片构成的，如图 3-29 所示。

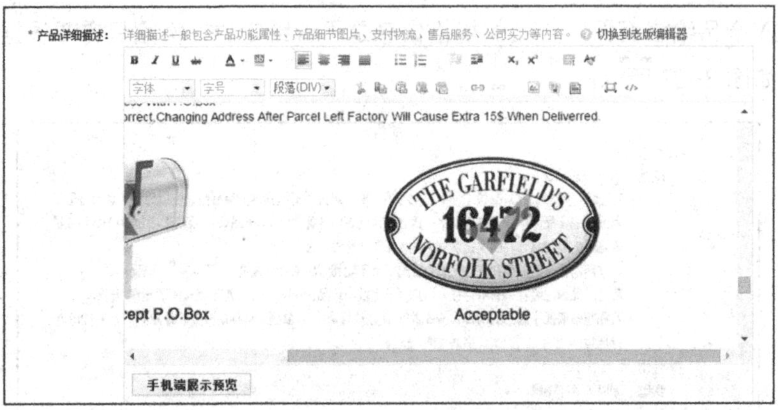

图 3-29　产品编辑页面三

（4）其他设置。“商品分组”可根据卖家自己店铺后台的商品分组设置进行选择，或者创建新的分组。“库存扣减方式”和是否支持支付宝付款方式可根据实际情况填写。填写完成后，核对产品信息无误后在“商品发布条款”区域中选中“我已阅读并同意了以下条款”复选框，进行产品发布，如图 3-30 所示。

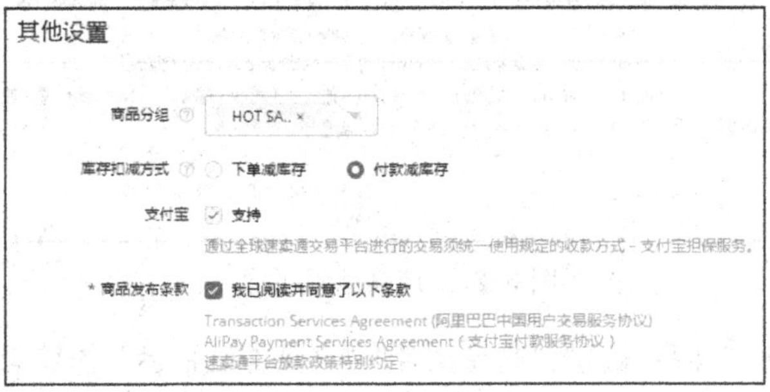

图 3-30　产品发布

（5）产品定价。定价思路需要条理清晰、卡位精准；根据不同的策略，合理把控利润。下面介绍的定价方法为全球速卖通常用的定价策略，无论是按照这个定价思路定价，还是根据这个定价思路做调整，都是适用的，图 3-31 所示为价格设置页面。

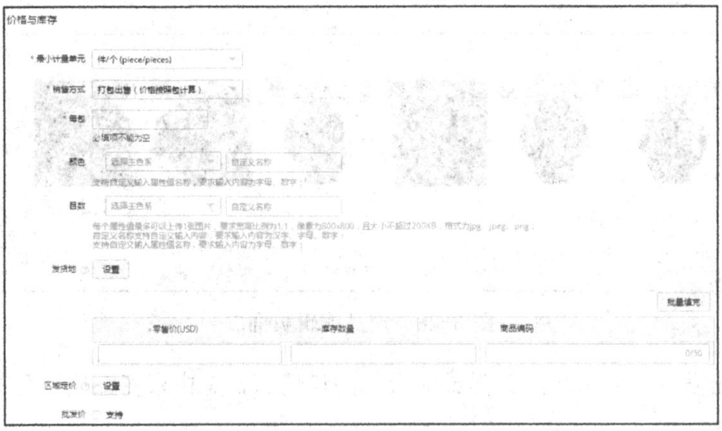

图 3-31　价格设置页面

（1）渗透策略

研究同行业卖家、同质产品的销售价格，确定行业最低价，以最低价降 5%～15%为产品销售价格。用销售价格倒推上架价格，确定成交价。那么确定上架价格可以遵循以下两种思路。

① 上架价格=销售价格/（1−15%）

此策略需要大量资金投入，可以用重金打造“爆款”，简单、有效；缺点是不可持续，风险较大。

② 上架价格=销售价格/（1−30%）

此策略略微保守，可以通过后期调整折扣让销售价格回到正常水平。两种定价思路都可以在 15%的折扣下平价出售或者略有亏损，用于打造“爆款”。

（2）稳重策略

比较稳妥的方式是通过计算产品的成本价，根据“成本价+利润”来确定产品的销售价格。产品的销售价格确定后，根据店铺营销的安排，确定上架价格。

例如，产品成本是 3 美元，按照全球速卖通目前的平均毛利润率 15%，还有固定成交全球速卖通的佣金费率 5%，以及部分订单产生的联盟费用率 3%～5%。我们可以推出以下结论。

销售价格=3/（1−0.05−0.05）/（1−0.15）=3.92（美元）。

再保守一点：销售价格=3/（1−0.05−0.05−0.15）=4（美元）。

其中，5%的佣金并不是所有订单都会产生的，但考虑到部分店铺满立减、店铺优惠券等活动的营销投入，以 5%作为营销费用，基本没有差错。当然，这其中还可以加入丢包及纠纷损失的投入，按照邮政小包 1%的丢包率来计算，又可以得到以下结论。

销售价格=3/（1−0.05−0.05−0.01）/（1−0.15）=3.96（美元）。

再保守一点：销售价格=3/（1−0.05−0.05−0.15−0.01）=4.05（美元）。

得到销售价格后，我们需要考虑该产品是作为活动款还是作为一般款来销售。假如作为活动款，那么，按照平台通常要求活动折扣为 40%来计算（平时的折扣为 40%，活动最高可以到 50%），可得到以下结果。

上架价格=销售价格/（1−0.4）。

（3）一般款销售策略

上架价格=销售价格/（1−0.3），平时的折扣为 30%。

建议折扣参数不低于15%，因为平台大促所要求的折扣最低为 15%，不高于 50%，因为折扣过高容易产生虚假折扣的嫌疑。而根据全球速卖通官方的统计，折扣在 30%左右是买家最钟情的，属于合理预期范围。而 50%的折扣要求，基于以上定价模式，基本上相当于平价出售，不会亏本或者略有亏损。

在全球速卖通平台上，对排序有重要影响的两大因素分别是销量及关键词。而影响销量的关键因素之一就是价格，下列是与价格有关的术语及解释。

① 上架价格：产品上传的时候所填的价格。

② 销售价格/折后价：产品在店铺折扣下显示的价格。

③ 成交价格：买家最终下单后支付的单位价格。

销售价格=上架价格×折扣

成交价格=销售价格-营销优惠（满立减、优惠券、卖家手动优惠）

清楚这几个价格的关系后，就可以有针对性地对不同定位的产品采取不一样的定价策略。

二、产品管理

1. 产品审核

产品信息提交成功后，全球速卖通的工作人员会对产品信息进行审核。如果符合阿里巴巴信息发布规则的要求，则卖家发布的产品会在一个工作日之内审核完成，高峰期会略有延迟。

打开“产品管理”—“管理产品”页面，在“正在销售”状态栏下查看和编辑通过审核的产品，如图 3-32 所示。

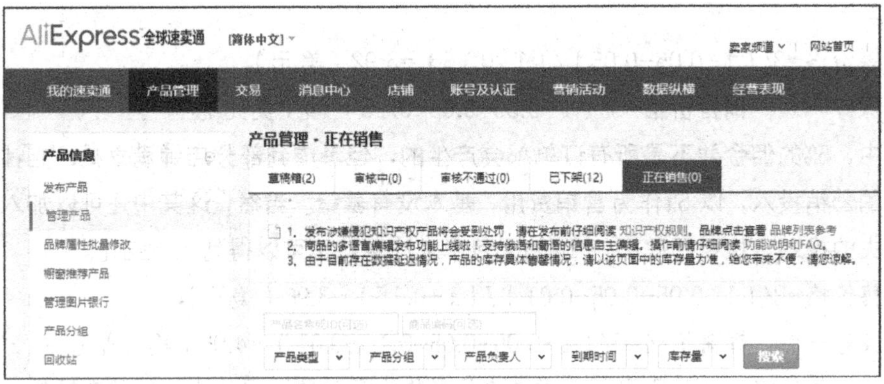

图 3-32 产品管理页面

2. 产品修改

打开“产品管理”—“管理产品”页面，选择要修改的产品；单击“操作”下方的“编辑”，如图 3-33 所示，即可进入编辑页面，修改信息之后，单击“提交”按钮，则进入等待审核阶段，可以在“审核中”页面查看。

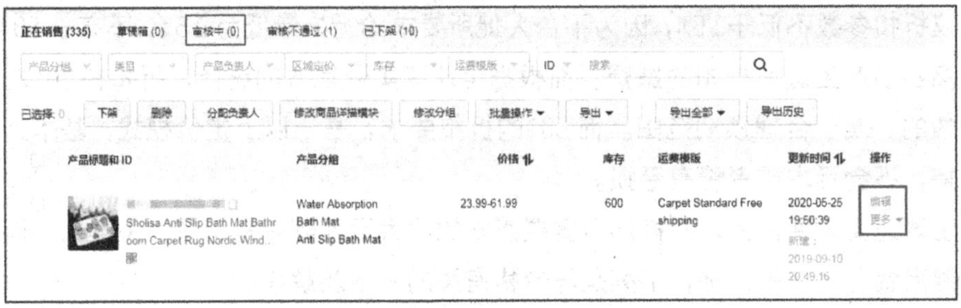

图 3-33 单击“编辑”按钮

3. 产品下架

产品的有效期分为 14 天、30 天，过了有效期的产品将从“正在销售”转为“已下架”状态。卖家可以在“已下架”状态栏下查看下架的产品，也可以将已下架产品重新上架或批量上架，如图 3-34 所示。

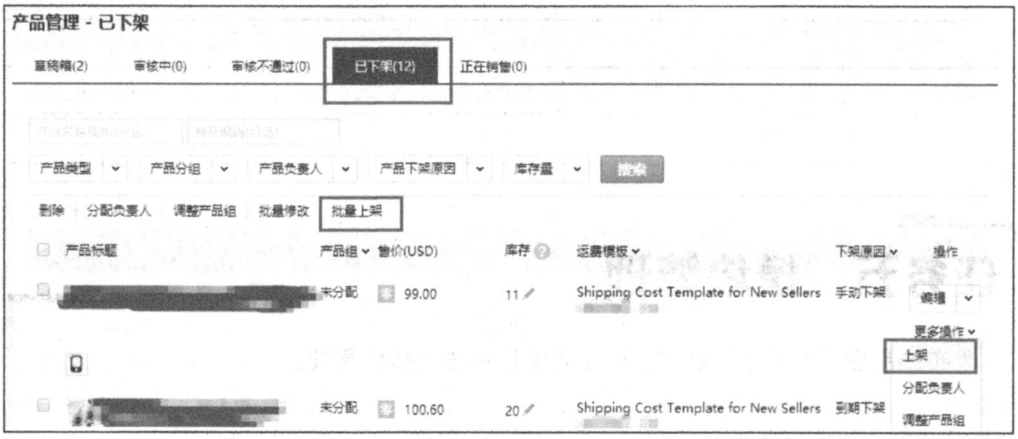

图 3-34　产品下架情况

4. 查看产品发布状态

任何一个产品发布之后，都会处于 5 种状态中的某一种，如图 3-35 所示。

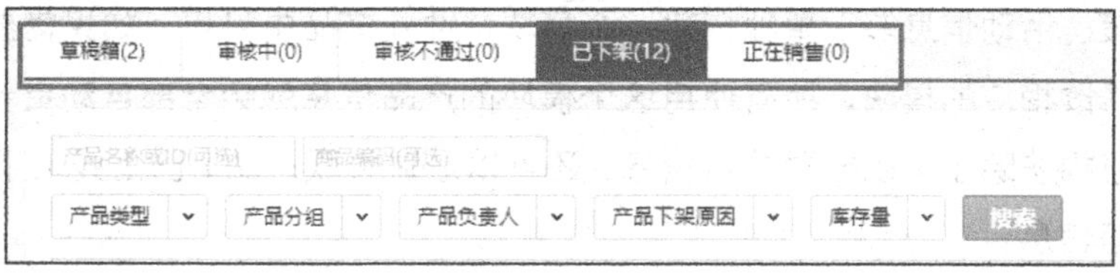

图 3-35　产品发布状态

若在“发布产品”页面进行编辑，则每过 15 分钟系统自动保存一次信息，单击“保存”按钮，则产品信息保存至草稿箱，草稿箱保存信息的数量上限为 20 条，超过时应手动删除。草稿箱中的产品描述图片只保留 15 天，逾期系统会自动删除，所以卖家应尽快提交审核。

5. 查找产品

图 3-36 所示为查找产品的 5 种方式，即“产品名称或 ID”“商品编码”“产品分组”“产品负责人”“到期时间”。批量操作包含以下几个部分：“批量修改”“一键修改发货期”“批量延长有效期”等。

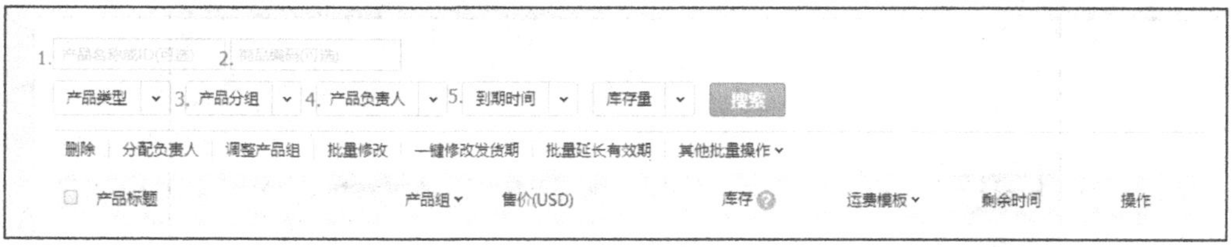

图 3-36　查找产品

批量修改可同时修改多个产品的属性，包括产品标题、关键词、销售情况、单位/方式、包装重量、包装尺寸、产品信息模块、服务模板、运费模板、零售价等。

【想一想】

请结合本任务，思考产品发布过程中，产品的标题和关键词对产品的重要性。

____

____

____

____

任务五　模块管理

发布产品后，卖家还可以在全球速卖通后台进行模块管理。

一、创建模块

1. 产品信息模块

产品信息模块是一种新的管理产品信息的方式，我们可以为产品信息中的公共信息（如售后物流政策、活动信息等）单独创建一个模块，并在产品中引用。如果需要修改这些信息，只需要修改相应的模块，所有使用这个模块的产品信息就会全部自动更新。

产品信息模块除了可以放置公共信息，还可以放置关联产品（已上线）、限时打折（正在开发中）等信息。

2. 创建模块位置

（1）进入产品信息模块

在卖家后台的“商品”—“商品管理”—“模板”页面中，可以找到“产品信息模块”的入口，在其中可以对产品信息模块进行管理操作，如图 3-37 所示。

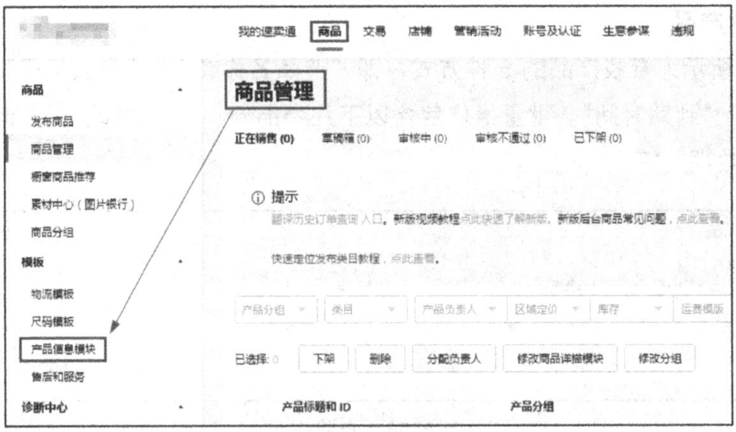

图 3-37　产品信息模块

（2）创建模块

目前可以创建两种模块，一种是“关联产品模块”，可以选择最多 8 个关联产品；另一种是“自定义模块”，通常可以在其中填写一些公共信息，如公告、售后服务等，如图 3-38 所示，全球速卖通平台会在后续提供更多类型的模块。

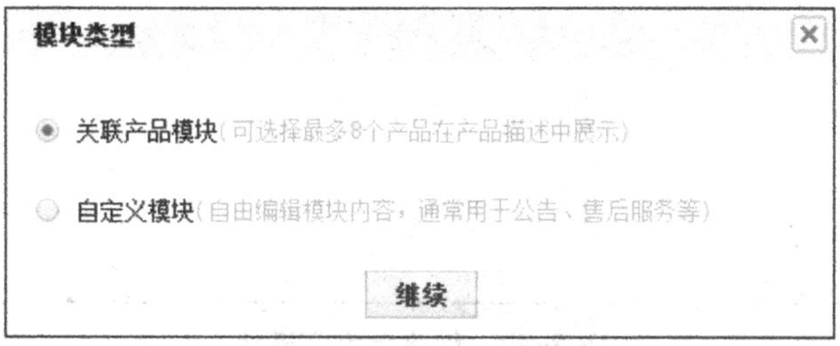

图 3-38　模块类型

（3）填写模块名称

创建关联产品模块需要填写模块名称（只能输入英文，用于区分模块），选择至少一个产品，如图 3-39 所示。

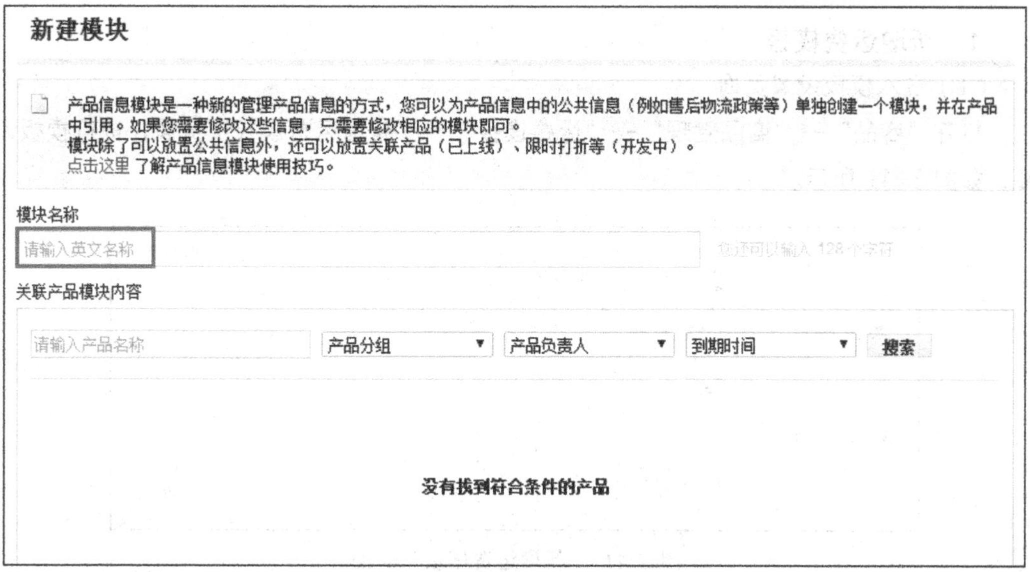

图 3-39　创建关联产品模块

（4）预览

单击“预览”按钮查看模块在前台的实际展示效果。

（5）创建自定义模块

创建自定义模块同样需要填写标题，与关联产品模块不同的是，卖家在自定义模块中可以随意填写需要的内容，如图 3-40 所示。需要注意的是，自定义模块的内容是需要通过审核的，只有审核通过的自定义模块才能够被使用。

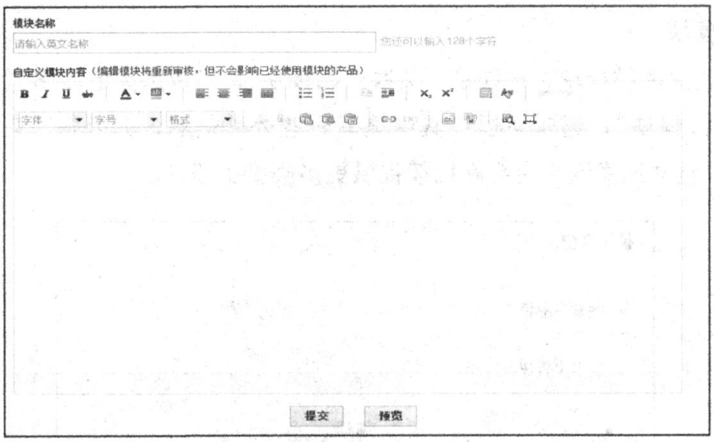

图 3-40　创建自定义模块

二、运费模板

运费模板管理主要包括新增运费模板、自定义运费设置、自定义运达时间设置、管理运费模板 4 项功能。

1. 新增运费模板

（1）进入模板设置页面

打开“商品”—“商品管理”—“运费模板”—“新增运费模板”页面，进行模板设置，如图 3-41 所示。

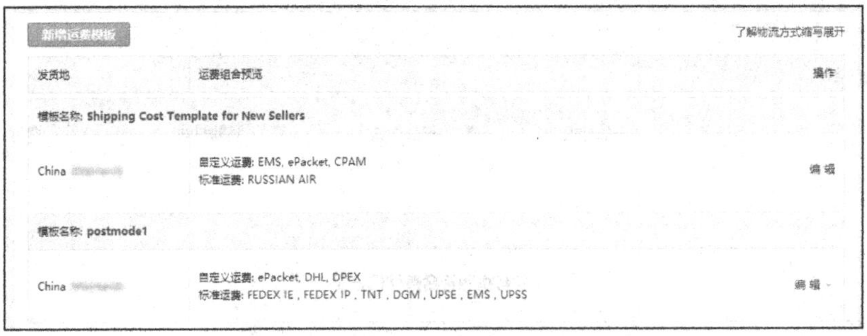

图 3-41　“新增运费模板”页面

（2）设置模板名称

为该运费模板设置一个名字（需要输入英文），如图 3-42 所示，然后在图 3-43 所示的页面中选择物流方式，设置运费和货物运达时间。

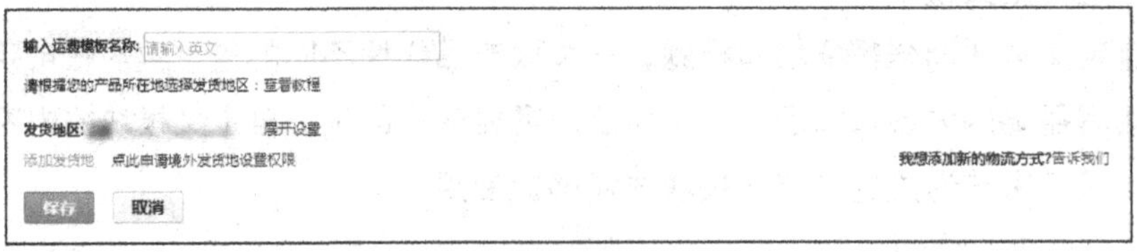

图 3-42　“模板名称编辑”页面

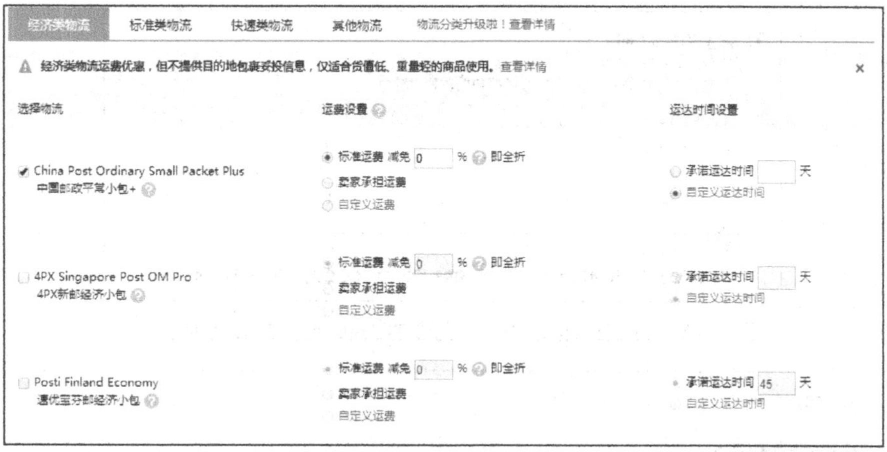

图 3-43　选择物流方式并设置运费和货物运达时间

2. 自定义运费设置

如果需要对某种物流方式进行个性化设置，如对部分国家或地区设置标准运费，对部分国家或地区设置免运费等，其操作步骤如下。

（1）添加一个运费组合

进入“运费模板设置”页面，选择“自定义运费”—“添加一个运费组合”选项，图 3-44 所示为自定义运费组合页面。

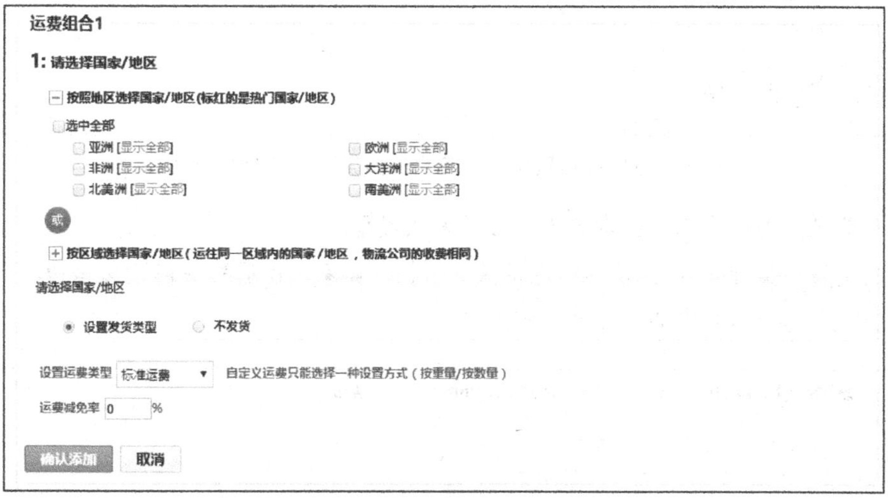

图 3-44　自定义运费组合页面

（2）选择该运费组合包含的国家或地区

将某些热门国家或地区选为一个组合（如果想吸引美国的买家，则可以选择美国，并将美国的运费设置为容易吸引买家下单的水平，例如卖家承担运费），或按照地理位置选择国家或地区，如图 3-45 所示。

（3）选择完毕

系统会显示当前已选择此国家或地区，如图 3-46 所示。

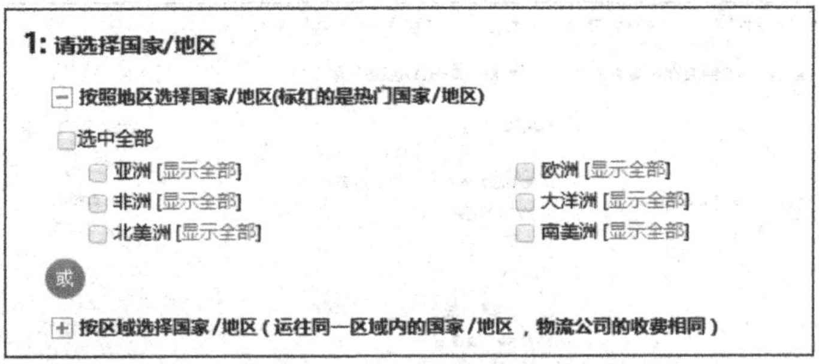

图 3-45　自定义运费组合中包含的国家/地区的设置页面一

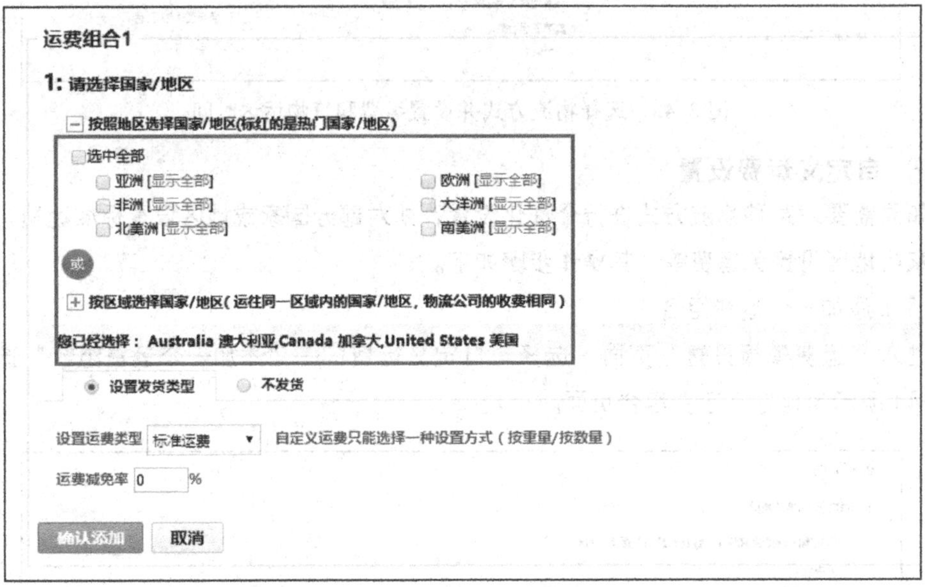

图 3-46　自定义运费组合中包含的国家/地区的设置页面二

（4）为该运费组合内的国家或地区设置发货类型

常见的发货类型有 3 种：标准运费减免折扣、卖家承担运费或自定义运费。图 3-47 所示为自定义运费组合中的“设置运费类型”。

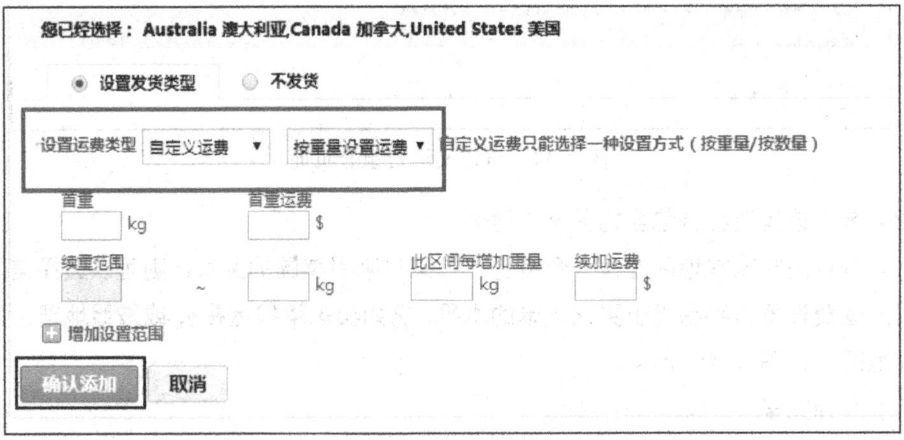

图 3-47　自定义运费组合中的“设置运费类型”

（5）编辑、删除操作

单击“确认添加”按钮后生成一个新的运费组合，也可以继续添加运费组合，还可以对已经设置的运费组合进行编辑、删除等操作，如图 3-48 所示。

图 3-48　自定义运费组合修改页面一

（6）设置不发货的国家或地区

对于难以查询妥投信息、大小包裹运输时效差的国家或地区，可以单击“不发货”单选按钮，再单击“确认添加”按钮即可屏蔽该国家或地区，如图 3-49 所示。

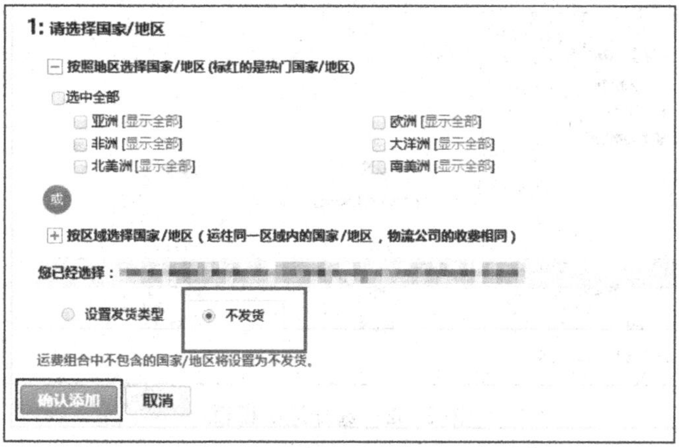

图 3-49　自定义运费组合修改页面二

3. 自定义运达时间设置

如果需要对货物的运达时间进行个性化设置，可以单击“自定义运达时间”按钮进行操作，设置页面如图 3-50 所示。

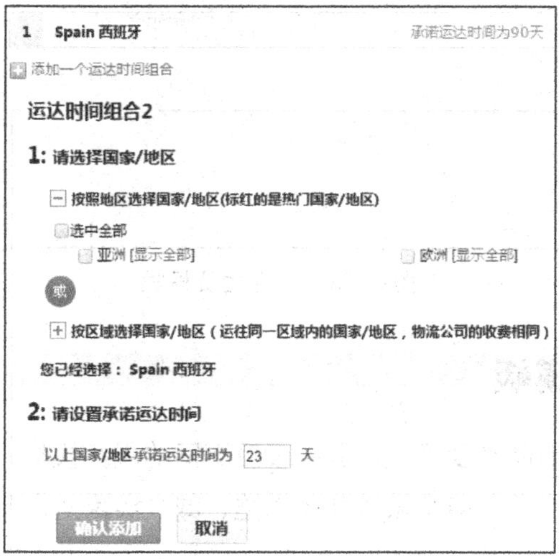

图 3-50　自定义运达时间设置页面一

设置完成后，单击页面下方的“确认添加”按钮即可完成自定义运达时间的设置，如图 3-51 所示。

图 3-51　自定义运达时间设置页面二

在发布产品时，在“产品运费模板”下拉列表中选择“自定义运费模板”选项，在下拉列表中选择之前设置的运费模板即可，如图 3-52 所示。

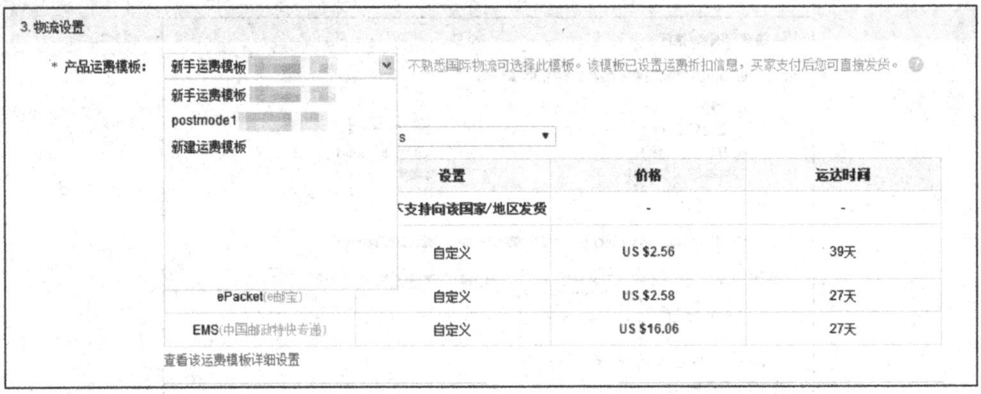

图 3-52　选择运费模板

4. 管理运费模板

如果已有的运费模板不能满足现在的需求，则可以编辑相关的运费模板。打开“商品”—“商品管理”—“运费模板”—“具体模板名称”—“编辑”页面，即可管理运费模板，如图 3-53 所示。

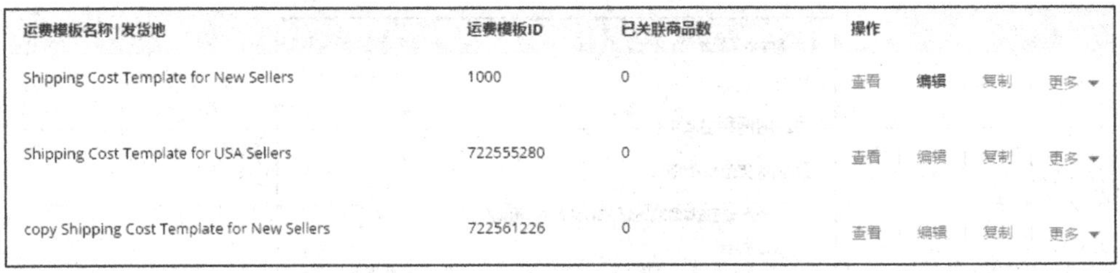

运费模板名称 | 发货地	运费模板ID	已关联商品数	操作
Shipping Cost Template for New Sellers	1000	0	查看　编辑　复制　更多
Shipping Cost Template for USA Sellers	722555280	0	查看　编辑　复制　更多
copy Shipping Cost Template for New Sellers	722561226	0	查看　编辑　复制　更多

图 3-53　管理运费模板

三、服务模板

卖家可以根据不同商品需要提供的服务设置不同的服务模板，提供的服务会展示在商品详情页面，作为强有力的保障买家权益的措施，减少买家对商品的担忧，增强其购买信心，提升店铺的购买率。

1. 服务内容介绍

卖家自行设置的模板包括两部分：货不对版买家要求退货，卖家是否接受无理由退货。

2. 设置并应用服务模板

打开“商品”—“售后和服务”—“管理服务模板”页面，进行模板设置，如图 3-54 所示。

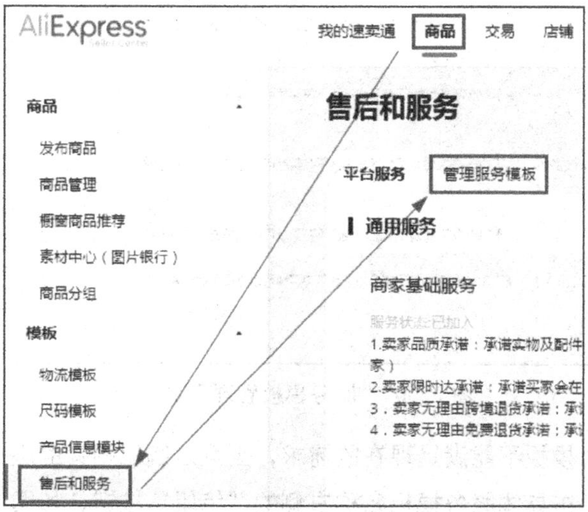

图 3-54 “管理服务模板”页面

单击“新增服务模板”按钮，进入“新增服务模板”页面，如图 3-55 所示。在页面中可以为该服务设置一个名称（不超过 100 个字符），然后在页面下方选择服务选项。设置完成后，单击页面底部的“保存”按钮即可完成对服务模板的设置。

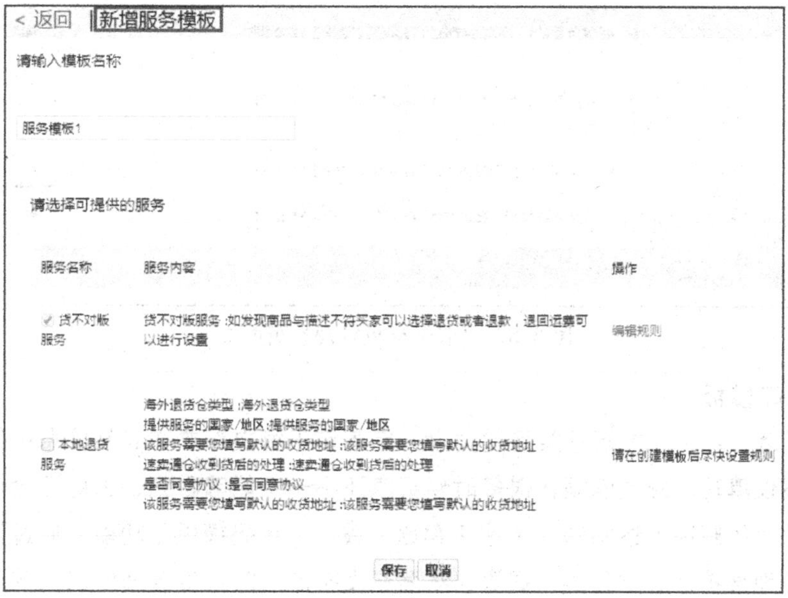

图 3-55 “新增服务模板”页面

模板保存后会跳转到“服务模板管理”页面，卖家在这里会看到所有的服务模板，如果卖家有经常使用的服务模板，则可以将其设为默认模板，如图 3-56 所示，商品应用模板的时候会默认使用该模板。

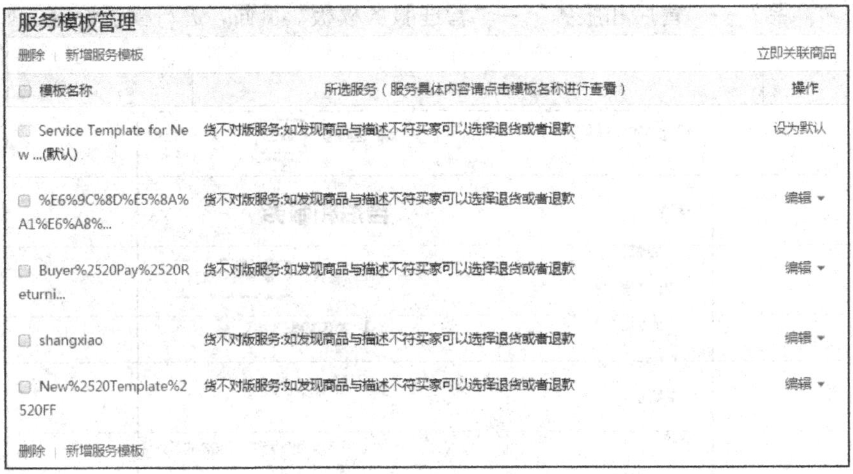

图 3-56 “服务模板管理”页面一

如果已有的服务模板不能满足现在的需求，则可以编辑相关的服务模板。打开“服务模板管理”页面，单击具体服务模板名称右侧的“编辑”按钮，如图 3-57 所示。

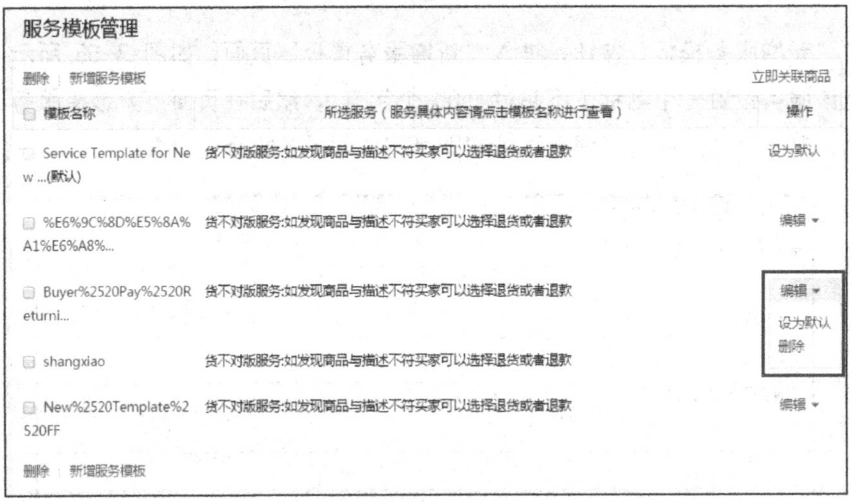

图 3-57 “服务模板管理”页面二

3. 尺码模板

经营服装、鞋子、戒指等类目的卖家一定苦恼于每次都要在商品信息中编辑一套尺码信息，不仅填写、修改麻烦，很多时候买家还不一定能够看到，由此还会产生各种咨询和纠纷。为了解决上述问题，全球速卖通上线了“尺码模板”功能，通过该功能，卖家可以轻松地维护几套常用的尺码表，然后在发布商品时直接选择对应尺码表即可快速关联。

（1）查找“尺码模板”选项

进入卖家后台的“商品”页面，即可看到“尺码模板”选项，如图 3-58 所示。

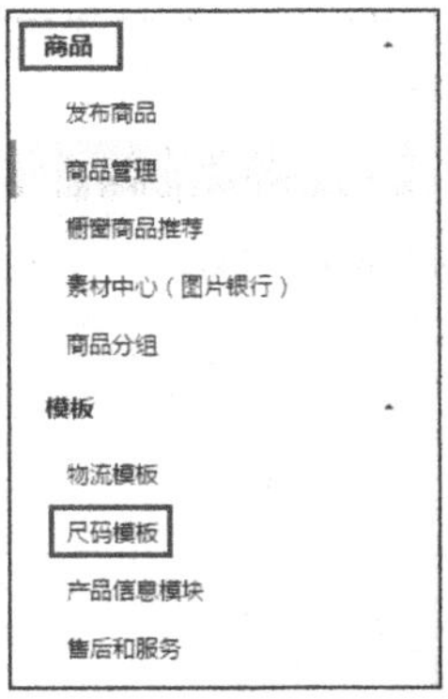

图 3-58 “尺码模板”选项

（2）创建尺码模板

进入“尺码模板”页面后，首先要在“尺码表”区域中选择一个大类，例如想要给上衣创建尺码表，那么就选择“服装尺码”这个大类，然后单击“新增模板”按钮，如图 3-59 所示。

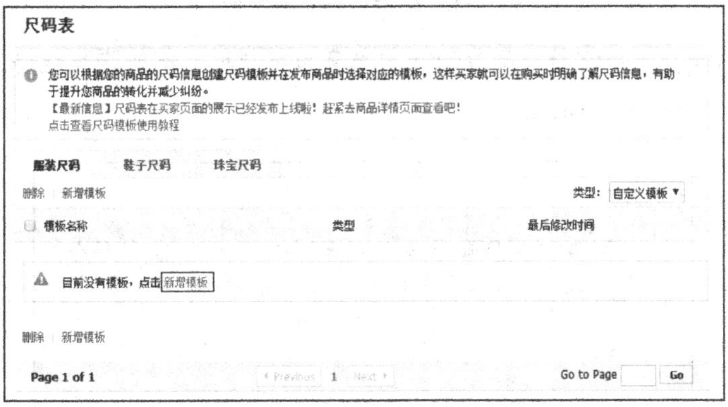

图 3-59 尺码模板设置页面一

在打开的对话框中选择对应的小类，然后单击“下一步”按钮，如图 3-60 所示。

图 3-60 尺码模板设置页面二

接下来进入尺码表编辑页面，在这里可以给尺码模板指定一个名称（中、英文均可），然后在左侧勾选需要的尺码，在右侧勾选需要展示的维度，如图 3-61 所示。

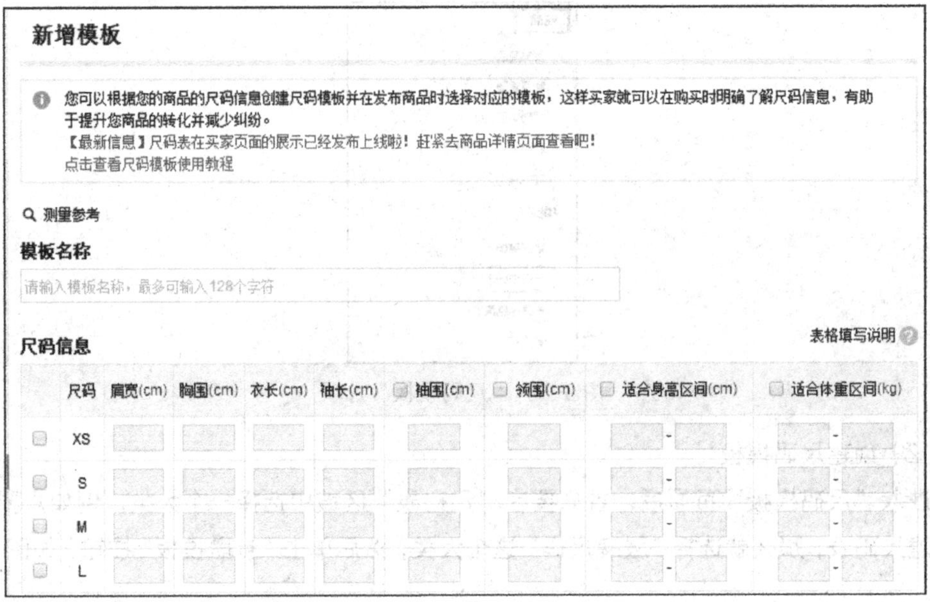

图 3-61　尺码模板设置页面三

不可勾选的维度为必填项，可以勾选的维度为可选项，例如胸围就是必填项，不用勾选，必须填写，如图 3-62 所示。

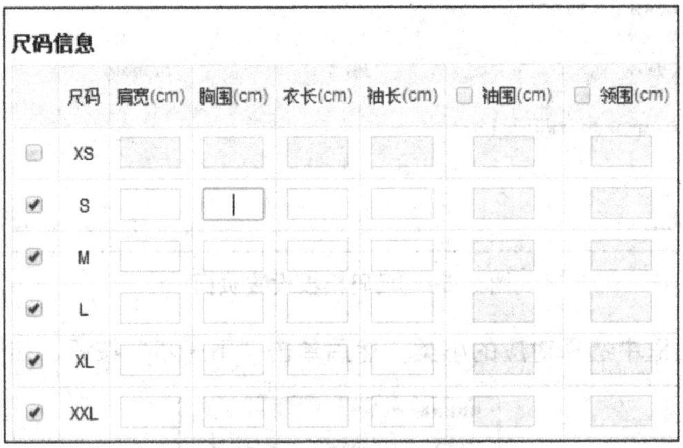

图 3-62　尺码模板设置页面四

填写完成后，单击“保存”按钮即可。

卖家可以直接复制模板，稍做修改即可快速创建一个自定义的尺码模板，也可以复制自己创建的尺码模板。

（3）使用尺码模板

① 发布商品时选择模板

卖家在发布商品时，对于可以使用尺码模板的商品则选择对应的尺码模板，选择后即可正常关联。

② 选择尺码表模板

在“尺码模板管理”页面中单击“尺码表模板”右侧的下三角按钮，在下拉列表中选择“应用到商品”选项即可快速关联。

【想一想】

请结合本任务，思考商品发布过程中，运费模板的设置有哪些注意事项。

____

____

____

____

任务六　订单管理

一、我的订单

在“我的订单”页面，所有的订单分为“特别关注”“等待您操作的订单”“等待买家操作的订单”，如图 3-63 所示。

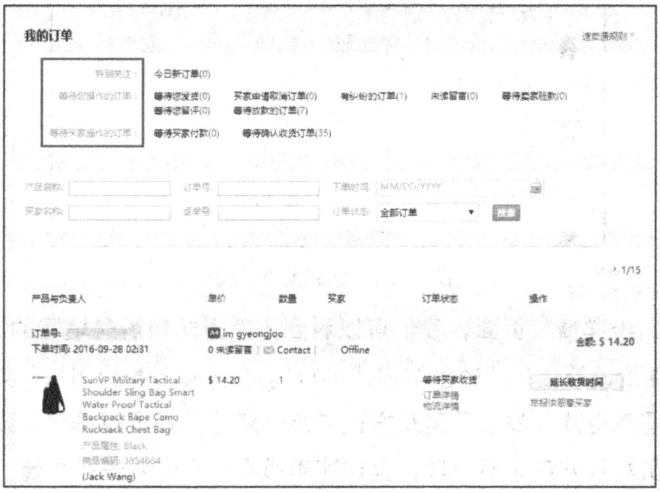

图 3-63 “我的订单”页面

“特别关注”用于反映当日销售数据。

“等待您操作的订单”是需要进行操作处理的，如待输入运单号的待发货订单、需要处理的有纠纷订单、待回复留言的订单等。

“等待买家操作的订单”是需要卖家及时关注的订单，其中等待买家付款的订单可以配合店铺优惠券活动促成买家付款。

“订单详情”页面可以反映每一个售出订单的详情，如图 3-64 所示，卖家可以通过订单信息和物流信息来获取订单的状态。

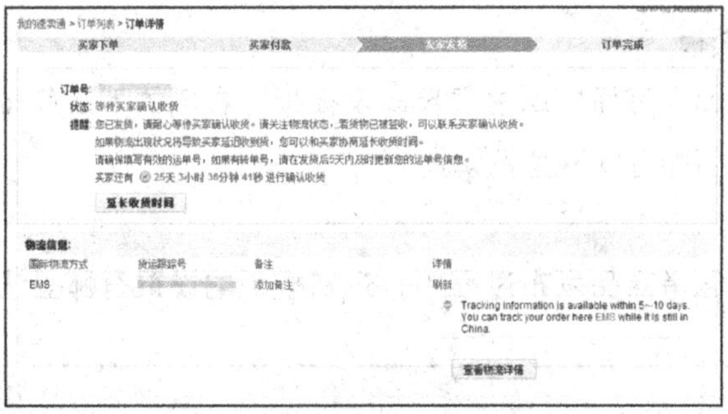

图 3-64 “订单详情”页面

二、退款和纠纷

纠纷订单默认以买家发起纠纷日期倒序排列，如图 3-65 所示。卖家可以看到发起纠纷的产品详情、订单状态等信息。卖家还可通过单击旺旺标志向买家发起会话进行协调。

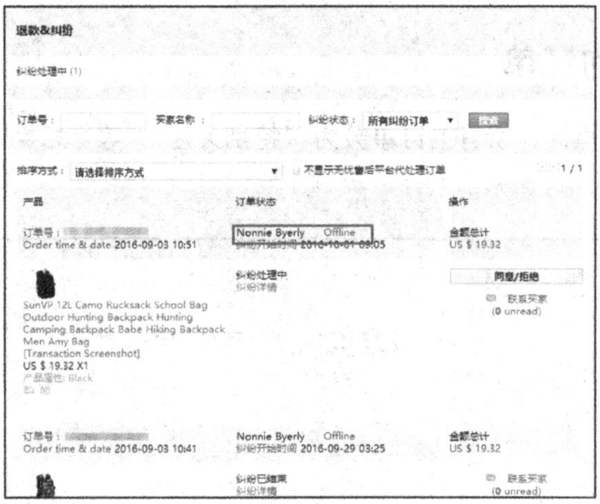

图 3-65 纠纷订单列表

单击进入“纠纷详情”页面，我们可以看到买家提起纠纷时填写的原因，如图 3-66 所示，买家提起纠纷的原因是“颜色与描述不符”。在得知退款原因后，卖家可以根据具体情况来判断是否同意退款。如果买卖双方达成统一意见，处理纠纷后，该订单将呈现为已完成状态；如果买卖双方意见不一致，全球速卖通平台会介入进行协商，做出最终裁定。

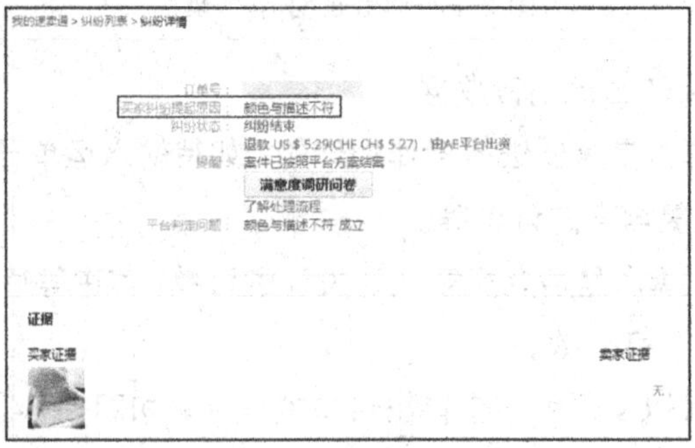

图 3-66 “纠纷详情”页面

三、订单批量导出

“订单批量导出”页面可用于查看固定时间段内的销售详情，卖家可根据具体需求选择需要导出的订单字段，如图 3-67 所示。使用该功能导出的订单字段是店铺数据分析和营销活动设置的强有力依据。

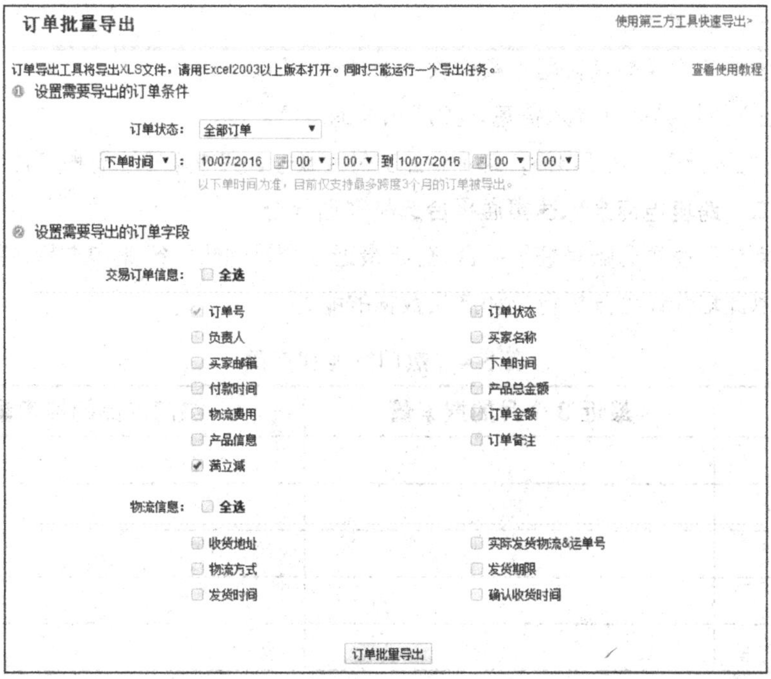

图 3-67 “订单批量导出”页面

【想一想】

请结合本任务，思考卖家在与买家进行交易的过程中，应如何避免出现纠纷。

____

____

____

____

项目小结

本项目在完成境外市场调研和选品、确定货源采购渠道之后，以全球速卖通平台为实操对象，完成了店铺开通前的准备工作；并以平台入驻的方式开启“跨境电商之旅”，完成店铺开通、产品发布和管理、模块管理、订单管理等一系列操作，帮助读者成功运营店铺。

同步实训

本实训要求读者以创业者的身份进行市场调研和选品，在全球速卖通平台申请并开通店铺，上架产品并进行相应的后台管理，目的在于让读者通过实训掌握全球速卖通店铺的前期开通准备以及后期运营工作。

任务一　店铺开通

请在全球速卖通卖家官网（实训软件）尝试注册账号。

1．进入注册界面，录入信息，完成账号的申请。

2．独立进行实名认证申请，绑定企业支付宝账号，完成账号注册和实名认证工作。

任务二　跨境电商全球速卖通平台选品数据分析

请使用全球速卖通账号登录平台，分析最近 3 个月的热门行业和产品，完成表 3-4 的填写，以此培养读者分析行业和产品数据的能力。

表 3-4　热门行业和产品

行业	最近 3 个月的搜索量	热门产品的搜索量
女装		
男装		
鞋类		
配饰		
包包		

任务三　产品发布

在申请的账号中，通过快速入口尝试发布产品。

1．正确选择类目。

2．正确勾选产品基本信息。

3．按照前文讲述的内容撰写产品标题。

4．上传产品图片并编写产品详情。

5．预览并发布。

任务四　产品管理

在申请的账号中进行产品管理操作。

1．打开“产品管理”页面，进入“管理产品”页面。

2．优化产品标题和图片，提交修改信息。

3．新建产品分组，将上传的产品移入该分组。

4．使用 ID 查找某一指定产品，将该产品移入新建的产品组中。

项目四

跨境电商视觉营销

视觉营销是通过良好的视觉效果达到品牌推广或产品营销目的的一种营销方式。它通过视觉的冲击和审美视觉感观引发买家的购买兴趣，实现品牌的推广或产品的营销，是一种可视化的营销体验。

随着电商的发展、网络购物的普及，电商行业从业人员越来越多，可视化体验作为买家购物的第一印象受到越来越多卖家的重视。做好视觉营销，能够在第一时间抓住买家眼球，提升网店的客流量、延长买家的停留时间，并提升转化率与品牌认知度。

学习目标

知识目标

1. 了解跨境电商视觉营销的概念；
2. 了解跨境电商视觉营销的重要性；
3. 熟悉文案策划的应用；
4. 熟悉图片处理的流程。

能力目标

1. 能够完成跨境电商视觉文案的内容策划；
2. 掌握图片处理的方法与广告图设计的技巧；
3. 掌握跨境电商移动端视觉营销的设计方法；

素质目标

1. 具备正确的价值观，能够创作积极向上的广告；
2. 尊重知识产权，了解品牌出海，树立中国制造的品牌意识；
3. 具备严谨细致、善于思考和精益求精的工匠精神。

学习导图

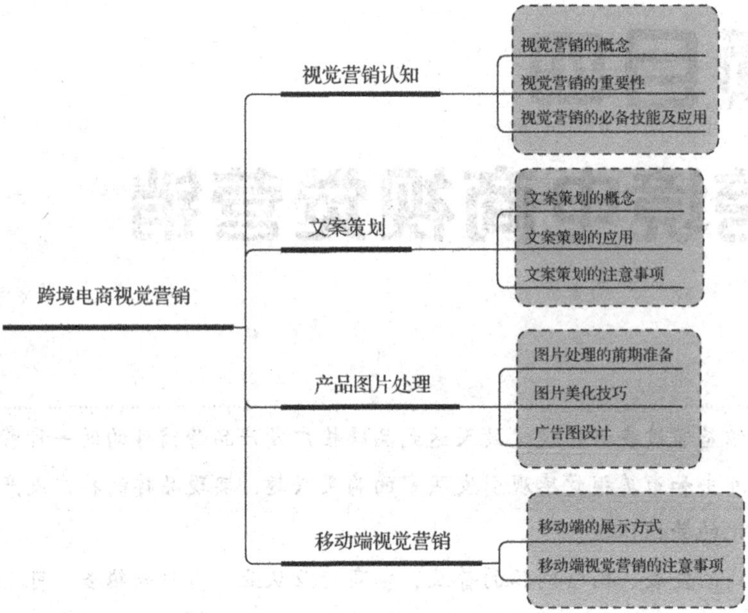

图 4-1　本项目内容结构

任务一　视觉营销认知

一、视觉营销的概念

视觉营销作为一种营销方法，是一种视觉呈现手段。视觉营销最初起源于 20 世纪 70 年代至 80 年代的美国，通过直观的视觉广告进行产品的营销，逐渐发展成今天的“视觉营销”。

视觉营销，不仅是一种营销方法，更是一种可视化的视觉体验。它的目的是加强产品（或服务）与买家之间的联系，最终实现产品销售（买家购买）。它也是一种通过增强视觉冲击力，从而传达品牌文化的手段。

简单来说，跨境电商的视觉营销就是通过刺激买家的感官，让其产生想象、兴趣、欲望，最终认可、消费。用跨境电商卖家熟知的关键词来说，即“吸引眼球、引起兴趣、激发想象、引导消费”。

二、视觉营销的重要性

视觉在人的 5 种感觉中占主导地位，能在很大程度上影响人的思维判断。网店的视觉效果会极大地影响营销目的的实现，做好网店的视觉营销非常重要。引起买家的注意、唤起买家的兴趣、激起买家的购物欲望、促进买家的购买行为，是视觉营销的目的所在。

要提升营销效果，首先要引起买家的注意，而这主要建立在视觉冲击力的基础上。网店通过强烈的视觉冲击，先引起买家的关注，继而促使买家对店内销售的产品抱有积极、肯定的态度；再激发买家对产品产生强烈的拥有欲望，即产生较为明显的购买动机；最后运用一定的成交技巧促使买家购买。由此可见，视觉效果是影响买家行为的一种重要先决因素。

对网店来说，视觉营销有以下几个作用。

- 吸引买家眼球，提升网店客流量。
- 唤起买家兴趣，让买家停留更久。
- 刺激买家购物欲，提升成交转化率。
- 塑造网店形象，提升品牌认知度。

三、视觉营销的必备技能及应用

随着跨境电商的不断发展，网店数量之多，产品种类之繁杂，让买家的选择余地大了很多，相比之下，卖家的压力无疑也大大增加了。要想突出重围，又不花费高昂的广告费，可以用网店装修布局引来新的访客，此时视觉营销就显得非常重要了。

1. 视觉营销必备技能

一个好的视觉营销人员，需要具备非常全面的技能，必须懂得图片处理技巧和网页设计方法，还要熟知拍摄技巧和网络营销手段。

总之，要做好视觉营销，主要应从以下几个方面着手。

- 视觉营销之文案策划。
- 视觉营销之产品拍摄。
- 视觉营销之图片处理。
- 视觉营销之店铺装修。

卖家需要掌握的视觉必备技能如表 4-1 所示。

表 4-1　卖家需要掌握的视觉必备技能

文案策划	店招文案策划
	广告文案策划
	产品详情页文案策划
产品拍摄	摄影器材的选择与使用技巧
	产品拍摄要点分析
	产品拍摄技巧
	照片存档管理
图片处理	图片处理
	广告图设计

续表

图片处理	详情页页面设计
	图片切割
	图片存档管理
店铺装修	店铺首页规划和布局
	店招模块
	轮播海报
	自定义模块
	第三方装修模块

2. 视觉营销的实施和应用

视觉营销在实施和应用中需注意以下几点。

- 不要使用超过 3 种字体，建议只使用一种字体，用较大的字号来突出关键词。
- 不要使用超过 3 种修饰，例如不要同时使用“阴影+金属+发光+描边”效果。
- 不要使用超过 3 种颜色，否则无法突出重点。
- 时尚家居类产品一般选择罗马类字体。
- 3C 类电子产品一般选择黑体类字体。
- 婴童类产品选择可爱的圆体类字体。
- 运动、汽配类产品选择黑体类和斜体类字体。
- 杂货类产品选择黑体类字体，如 Arial、Helvetica。

【想一想】

什么样的海报会给你留下深刻印象？

任务二　文案策划

一、文案策划的概念

在广告学中，文案与策划是两个相互联系却又截然不同的领域，但一些小型化的公司产生了文案策划这种复合型人才。尤其对于跨境电商企业来说，岗位分工没有那么细，为节约成本，企业特别需要既能编写产品文案又能策划广告活动的复合型人才，于是文案策划就应运而生了。

跨境电商企业的策划，分为营销策划和文案策划。营销策划主要考虑怎样做营销广告及营销活动，如买家群体分析、营销数据分析、网站页面布局、营销活动策划等；而文案策划主要考虑广告文案的策划，如传达对象、传达重点、创意构思、情景设计等。在跨境电商企业里，营销策划的工作通常由运营人员或者营销人员负责，而文案策划的工作通常由文案策划人员负责。

网络营销中，所有图片的设计都必须从文案入手。文案就是文字内容，策划就是通过文字内容来塑造一些画面、情景，刺激买家的感官，让其产生联想，从而唤起买家的兴趣。“设计未动文先行”，跨境电商企业的文案必须与策划相结合，从买家的角度出发，这样才能够更好地打动买家，达到营销的目的。

二、文案策划的应用

在视觉营销中，文案与图片相辅相成。我们经常说的“图文并茂”，强调的正是这一点。本任务将以全球速卖通平台为例，讲解文案策划的应用。

无论是从产品详情角度还是从店铺设计角度来看，在一个成功的策划中，文案都是必不可少的一部分，如图 4-2 所示。

图 4-2　海报文案

1. 店招文案

店招最常见的文案方式一般采用团队名称或者网店名称，当然也可以是一段口号或服务理念等。

全球速卖通平台改版之后的店招添加了关键词搜索功能，也可以添加一些热门关键词作为营销型文案，如图 4-3 所示。

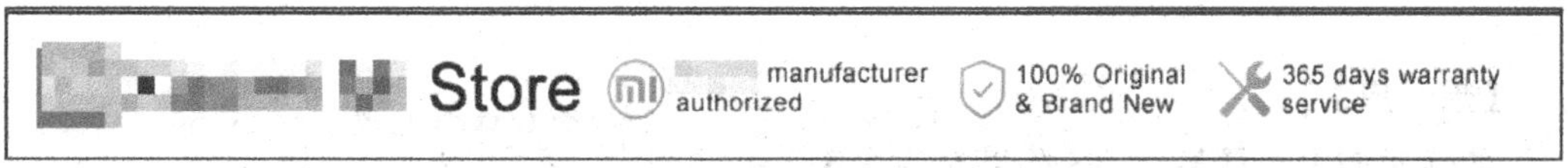

图 4-3　改版之后的店招

除此之外，店招还可以使用网店促销信息的文案、参加平台活动的文案，以及介绍网店的一些特殊优势的文案等。

2. 海报文案

一个标准的海报文案，一般包含一个主标题和一个副标题，如图 4-4 所示。

有时还会加入一些重要的参数组成营销性文案，如图 4-5 所示。

图 4-4　标准海报

图 4-5　营销性文案

3. 详情文案

详情文案有多种选择，可以按部就班地做从产品实际属性角度出发的文案，如图 4-6 所示，也可以做更加灵活、富有创意、稍带故事情节的文案。详情文案直接关系到店铺的成交转化率，因此文案策划人员需要在此处多费一些功夫。

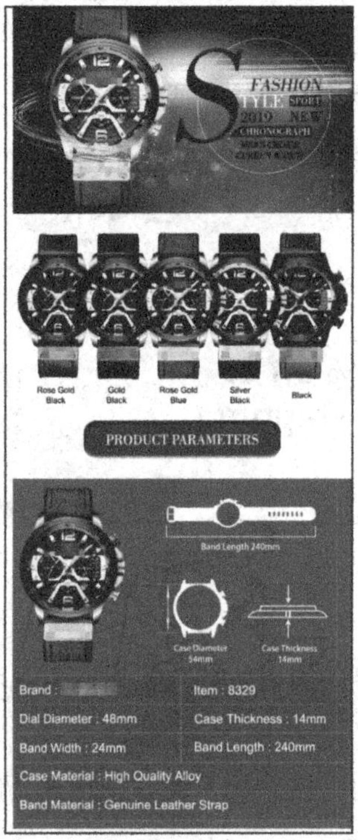

图 4-6　详情文案

【想一想】

如何对庐山云雾茶设计一份营销性方案？

____

____

____

这里特别提醒一下，有一些文案可以做成图片的形式，但更多时候，还是建议卖家在上传详情页的时候直接使用文字，这样才真正算是“图文并茂”，也有利于提高产品的搜索匹配度。

三、文案策划的注意事项

文案策划要做到真实地展示产品的功能、用途、适合人群、适用场景等。

文案策划的注意事项如下。

1. 七秒定律

“七秒定律”是美国营销界人士通过数据调研总结出来的，即人们在挑选产品的时候存在一个“七秒定律”：面对琳琅满目的产品，买家只需要七秒就可以确定其购买意愿。现如今在各大网络购物平台上，“秒杀”一词已被广泛应用。

在跨境电商竞争日益激烈的互联网信息时代，买家搜索任意产品进入产品页面停留的时间都是用秒来计算的，如何让买家在七秒甚至更短的时间内获取最能够引发自己购买兴趣的信息是关键，即人们常说的“视觉秒杀”。因此，做好视觉营销，“秒杀”是关键。

2. 懒人原则

懒人原则（Keep It Simple & Stupid，KISS），即凡事越简单越好，这是用户体验的高层境界。

懒人原则是指产品的设计越简单越好，简单就是美。产品的文案也是一样的道理，需要把一些专业性的产品参数转化为通俗易懂的文字。

3. FAB 法则

属性—作用—益处（Feature—Advantage—Benefit，FAB）法则是指在产品介绍中，将产品的属性（特性）、所具有的作用（优点）、能够给买家带来的益处（好处）有机地结合起来，按照一定的逻辑顺序加以阐述，形成完整而又完善的推销说辞。FAB 法则是客服人员向买家分析产品优势的好方法，也是文案策划常用的营销方法。

首先，运用 FAB 法则语言要有一定的逻辑性，让买家感到通顺、合理。其次，要有一定的感染力，塑造出画面感，才有可能真正打动买家。最后，要能迎合和贴近买家的感受，即通过文字内容传达的感受，切合实际并能够碰触买家心底最柔软的地方。

知识链接

店招文案的组成

全球速卖通店招文案一般由店名、文字说明和产品图片组成，淘宝的店招文案一般包括店铺名称、品牌 Logo、主营产品 3 个基本部分。店招的文案设计要求产品定位明确，配有适当的文字说明。

任务三　产品图片处理

一、图片处理的前期准备

Photoshop 是应用非常广泛的图像处理软件，由它处理完成的图片可以拥有更好的效果，从而更能吸引买家眼球，如图 4-7 所示。

图 4-7　图片处理前后对比

1. 软件准备

Photoshop 有很多版本，建议使用较新版本，因为较新版本内置的功能更加强大，操作也会更加便捷。但需要注意，较新版本对于计算机硬件的要求也相对比较高。Photoshop 一般是使用组合键操作的，为了后续高效率地学习和工作，建议养成“左手操作键盘，右手控制鼠标”的良好习惯。

Photoshop 有 7 个基本操作组合键，如表 4-2 所示。

表 4-2　Photoshop 基本操作组合键

Ctrl+O	打开一张或多张图片
按住 Z 键，拖动鼠标	放大工具，可将图片放大，方便查看和处理图片细节
按住空格键，拖动鼠标	平移，可查看邻近图像区域
Ctrl+0	按屏幕大小缩放，将图片调整至适合屏幕大小的尺寸
Ctrl+=	放大图片
Ctrl+-	缩小图片
Ctrl+W	关闭当前图片

2. 素材准备

网店中的图片会直接影响买家对网店的第一印象。对于卖家来说，产品和网店图片风格统一、美观可以加深买家对网店的品牌认知。所以，卖家在进行网店“装修”和产品发布之前，需要准备足够的产品和网店素材图，并在拍摄后及时保留产品原图和花絮图，以防网店后续遭遇盗图纠纷，届时可以进行举证维权。

3. 目标预设

卖家在平时的工作中，除了完成图片美化和广告图设计，还有一个最核心的工作，就是完成产品详情页的设计，如图 4-8 所示。

图 4-8 产品详情页

二、图片美化技巧

1. 正方形主图裁剪

现在大多数的跨境电商平台上，产品的主图都是以正方形的形式展现的，以全球速卖通为例，从搜索页面到产品详情页首屏，产品主图都是正方形的形式，如图 4-9 和图 4-10 所示。

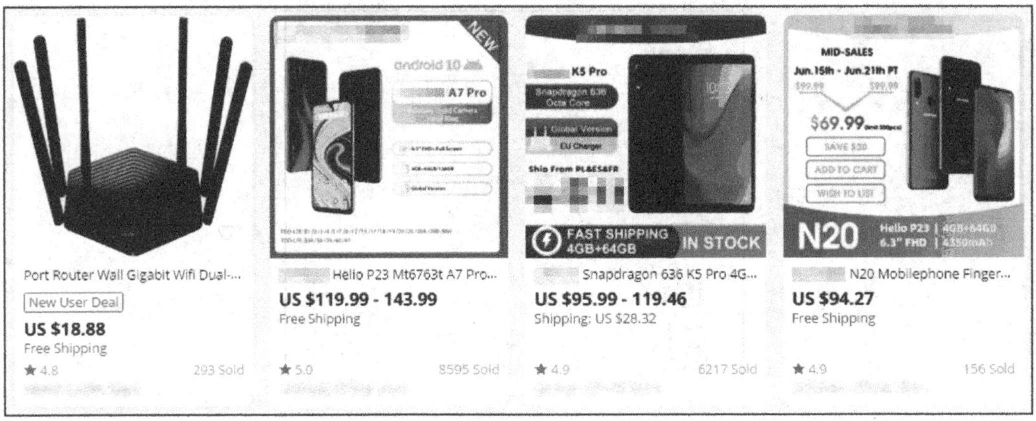

图 4-9　全球速卖通平台搜索页面的产品主图

图 4-10　产品详情页首屏的产品主图

裁剪技巧：打开 Photoshop 软件，单击工具栏中的“裁剪工具”，按住鼠标左键拖动，裁剪出需要的区域，然后单击右上角的“√”图标，完成裁剪，如图 4-11 所示。

2. 图片美化四部曲

大多数卖家的产品图片都会遇到色差问题。由于多数中小卖家不是专业的摄影师出身，拍照过程中总是会遇到各种各样的问题，例如布光不正确或相机的快门速度和光圈值设置不合理，导致图片有问题；白平衡没设置好或有色灯光导致拍摄出来的图片有偏色问题等。在后期处理时，可以通过以下方法美化图片。

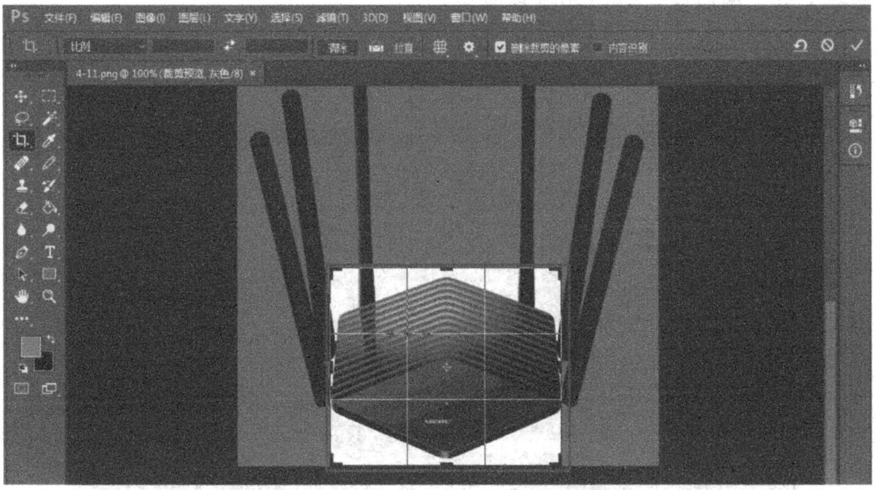

图 4-11　使用“裁剪工具”裁剪图片

（1）亮度调整

图片的色彩饱满度和精细度是由色阶决定的。拍摄产品时，最常遇见的问题是亮度不够、照片灰暗。

处理技巧：使用 Photoshop 的“色阶”功能，在上方导航条处单击“图像”—“调整”—“色阶”，或者使用组合键“Ctrl+L”，打开“色阶”对话框，如图 4-12 所示；在“色阶”对话框中向左拖动灰色三角滑块，照片中的暗部到中间调就会变亮，如果想让画面变暗就向右拖动灰色三角滑块，当然也可以在滑块下方直接输入数值。

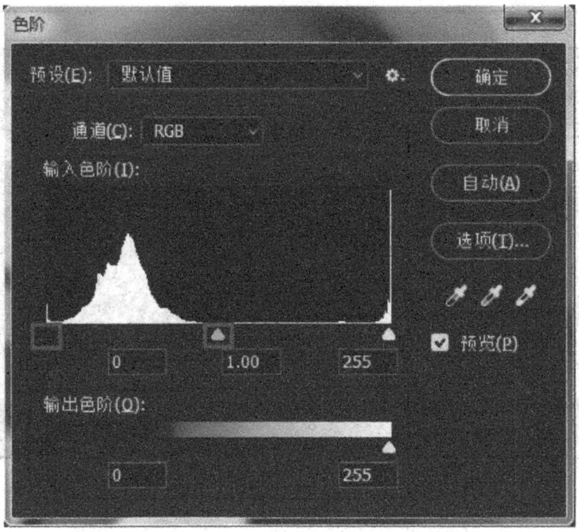

图 4-12　Photoshop 的“色阶”对话框

（2）颜色调整

使用 Photoshop 调整图片颜色，色彩可以表现得更真实。

处理技巧：使用 Photoshop 的“曲线”功能，在上方导航条处单击“图像”—“调整”—“曲线”，或者使用组合键“Ctrl+M”，打开“曲线”对话框，如图 4-13 所示，调整黑色或者灰色三角滑块，可调整图片颜色。

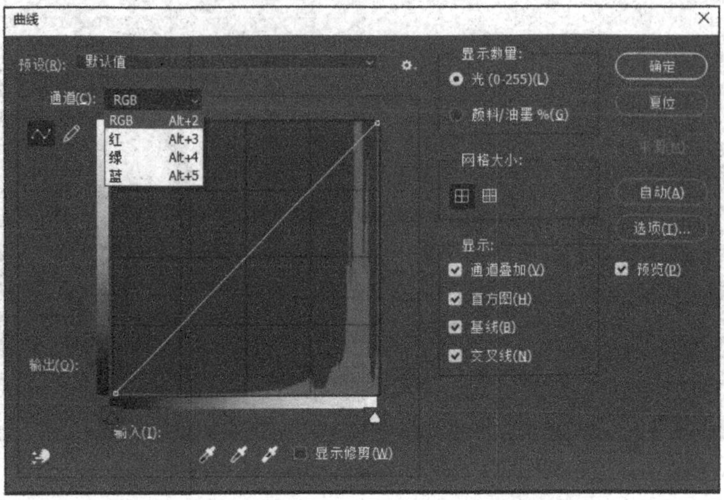

图 4-13 Photoshop 的“曲线”对话框

（3）饱和度调整

一般来说，由于镜头的感光能力有限，数码相机拍摄的照片颜色与实物相比，一般不够鲜艳。这个时候就可以利用 Photoshop 的“色相/饱和度”功能来处理。

处理技巧：使用 Photoshop 的“色相/饱和度”功能，在上方导航条处单击“图像”—“调整”—“色相/饱和度”，或者使用组合键“Ctrl+U”，直接打开“色相/饱和度”对话框，如图 4-14 所示，调整三角滑块，可调整图片饱和度。

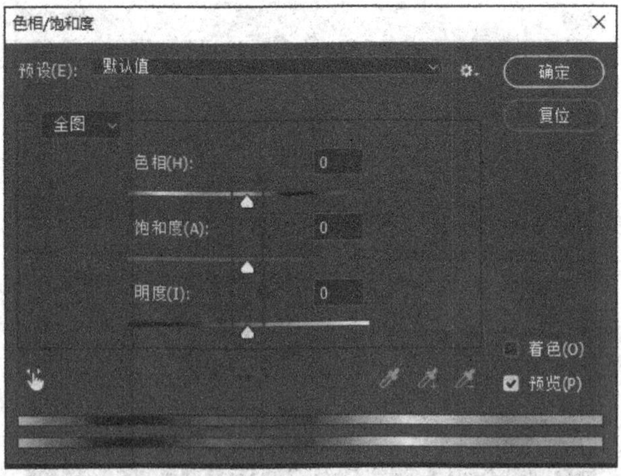

图 4-14 Photoshop 的“色相/饱和度”对话框

（4）清晰度调整

从网店的产品图片处理角度来说，最重要的是要将图片调整得更加清晰。模糊程度不严重的照片，可以用 Photoshop 的“滤镜”功能来调整。

处理技巧：使用 Photoshop 导航条中的“滤镜”功能，在上方导航条处单击“滤镜”—“锐化”—“USM 锐化”，打开“USM 锐化”对话框，在对话框中调整锐化参数“数量”“半径”“阈值”，如图 4-15 所示。

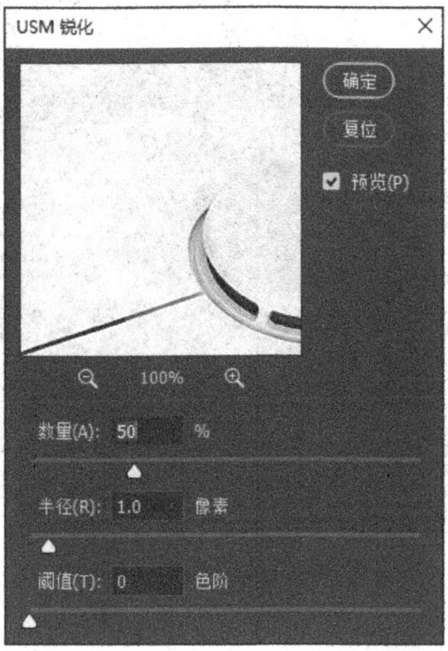

图 4-15 Photoshop 的“USM 锐化”对话框

“数量”与图片尺寸有关，如果图片尺寸小，锐化时需要根据图片进行调整，没有固定的数值。“半径”与像素有关，首选 0.3、0.5，但不要大于 1。“阈值”越大，噪点越多，一般设置为 2 即可减少噪点。将图片调整至合适的清晰度后单击“确定”按钮即可。

三、广告图设计

买家进入店铺后，主要是通过广告图来了解相关信息的，广告图的效果直接影响着买家对产品的认知和产品的购买转化率。所以，广告图在网店中起到非常重要的作用。其设计步骤如下。

1. 规划布局

新手在进行规划布局之前，可以参考之前一些优质的素材，例如同行的网店、搜索引擎上的图片，尤其需要注意广告图文字部分的版式，逐步形成自己的设计构思。

2. 准备素材

广告图中的文字、图片效果都可以通过 Photoshop 进行设置，更重要的是要从众多的产品图中寻找角度最合适的素材。素材需要符合广告图的整体设计结构和色彩搭配，这样的设计更容易吸引眼球。

3. 新建文档

单击“文件”菜单中的“新建”选项，或者按组合键“Ctrl+N”，打开“新建文档”对话框即可新建文档，如图 4-16 所示。

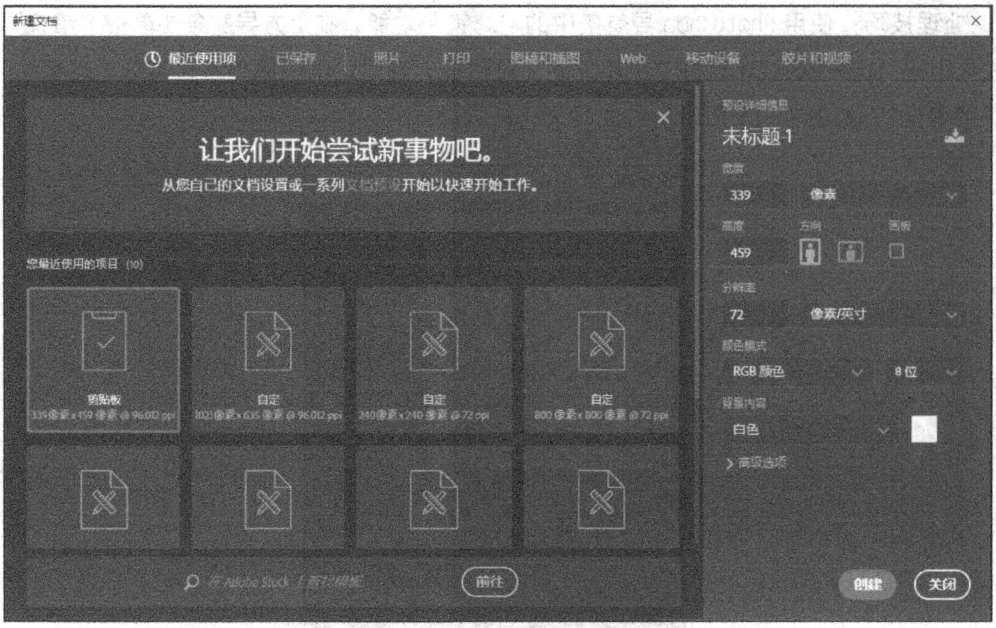

图 4-16 “新建文档”对话框

新建文档时需要注意以下几点。

- 名称：要有意义、好识别。
- 宽度、高度：互联网上的图片单位都是“像素”。
- 分辨率：采用固定值“72 像素/英寸”。
- 颜色规模：采用固定值“RGB 颜色”“8 位”。
- 背景：一般都用白色。

4. 加入产品图

先将选择好的产品图导入空白的画面中，然后根据广告图的设计结构调整产品图的大小和位置，可以用组合键辅助完成，如表 4-3 所示。

表 4-3 Photoshop 图片处理组合键

Ctrl+A	“全选”命令
Ctrl+C	“复制”命令
Ctrl+Tab	“切换”命令
Ctrl+V	“粘贴”命令
Ctrl+T	“自由变换”命令
Ctrl+D	“取消选区”命令

5. 添加文字

要在图片上添加文字，先单击左侧工具栏中的“横排文本工具”，然后在图片区域中单击一下，再输入文字，然后在字体属性栏中设置字体、大小和颜色，如图 4-17 和图 4-18 所示。

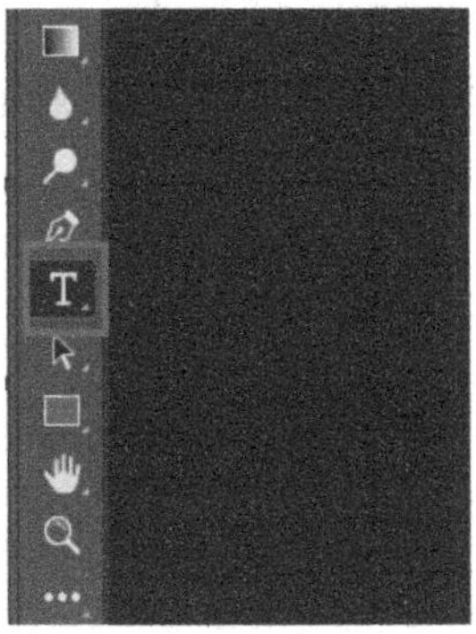

图 4-17　横排文本工具

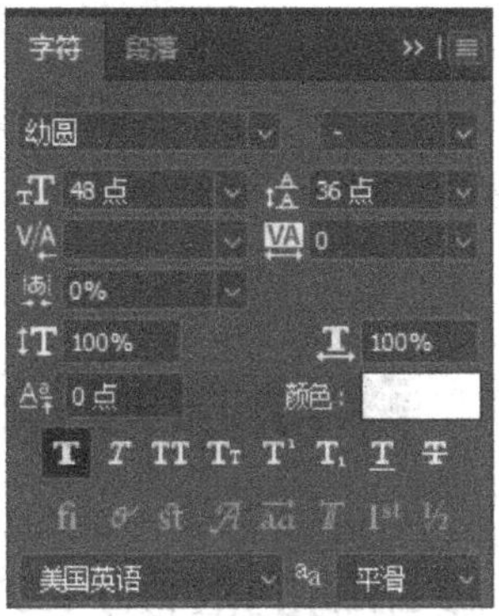

图 4-18　字体属性栏

6. 添加修饰

根据广告图的整体结构，调整素材或添加一些文字、图片修饰，以达到广告图的预期视觉营销效果。

7. 正确保存

严格来说，任何广告图，都必须保存两次，一次是保存为 Photoshop 可编辑的“PSD”格式的文件，便于下次修改；另一次是保存为互联网专用的图片格式，一般是储存为“JPG”格式。

知识链接

广告图设计误区

1. 夸大其辞

广告为了吸引买家，难免会突出使用效果，这点本是无可厚非的，但是过度吹嘘，效果只会昙花一现。要知道，虽然有的买家会被这种广告所吸引而产生购买欲望，但更多的买家只会认为这种广告不切实际，从长远角度看，夸大其词并不是个明智的做法。

2. 重创意，轻叫卖

部分买家对广告的接受形式还停留在叫卖时代，叫卖式广告比含蓄式广告更容易让人接受。有些重创意的广告，看完后只会让人一头雾水，甚至不知道它卖的是什么；更有些标榜新意的广告设计，看上去很美，但抓住人的是眼花缭乱的表现手段，最后却连品牌名都没让人记住，更别提产品了。虽然人们喜欢有创意的广告，但叫卖式广告更直接、更能看见效益。

3. 广告表现与广告诉求脱节

广告表现不是目的而是手段，其最终作用是将广告诉求以最鲜明、最容易记忆的方式传达给目标买家。广告表现与广告诉求一致的广告投放较少的量就能让买家记住该记住的内容，如果吸引买家注意的表现手段与后期的广告诉求不一致，就会导致广告成本增加。

4. 盲目创意，忽视产品特质

广告的目的无非两点，一是销售产品，二是提升品牌形象。不能不了解产品特性就盲目进行创意。

任务四　移动端视觉营销

一、移动端的展示方式

全球速卖通在移动端的展示方式分为店铺的展示方式和产品详情页的展示方式。目前店铺和产品详情页的展示方式在移动端是比较单一的，如图 4-19、图 4-20 所示。

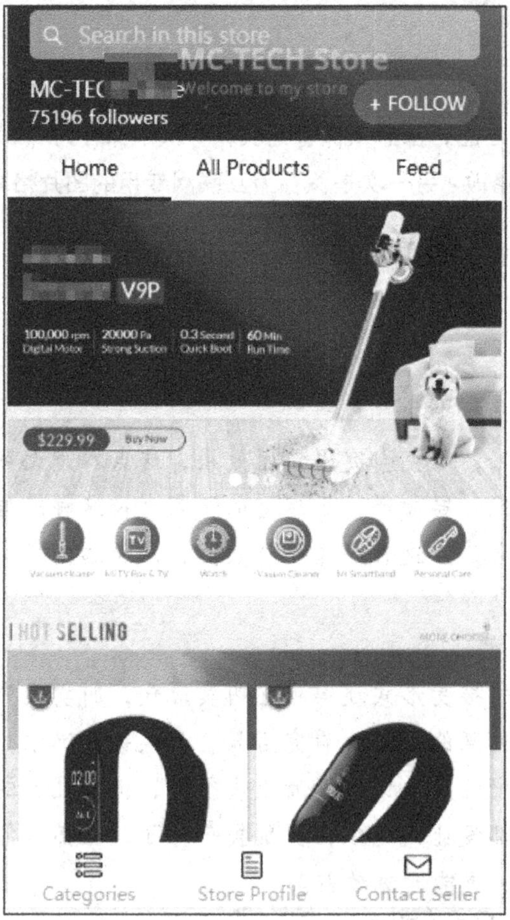

图 4-19　全球速卖通移动端店铺首页

图 4-21 所示为店铺详情页面。点开店铺，可以看到店铺名称、店铺的各项评价指标显示在页面顶部。

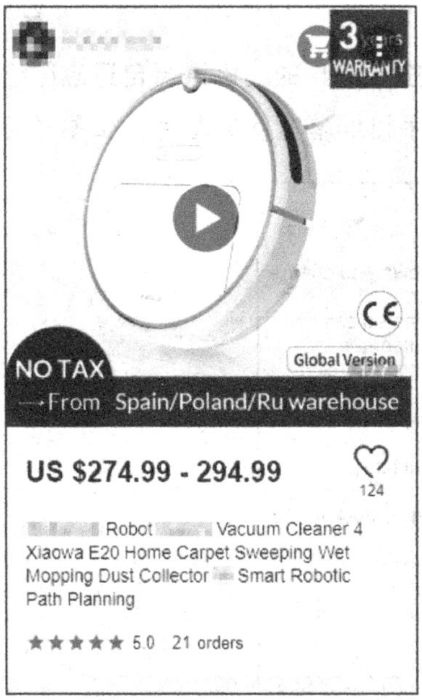

图 4-20　移动端产品页面展示

图 4-21　移动端店铺详情页面

二、移动端视觉营销的注意事项

1. 主图要注意的问题

主图能够直观地展示产品，买家很多时候只看一下主图，就会决定购买与否。在进行移动端视觉营销时，我们首先要明确产品主图需要上传 6 张。不要为了省事，只上传 1 张图片，这样不利于在移动端完整地展示产品，如图 4-22 所示。

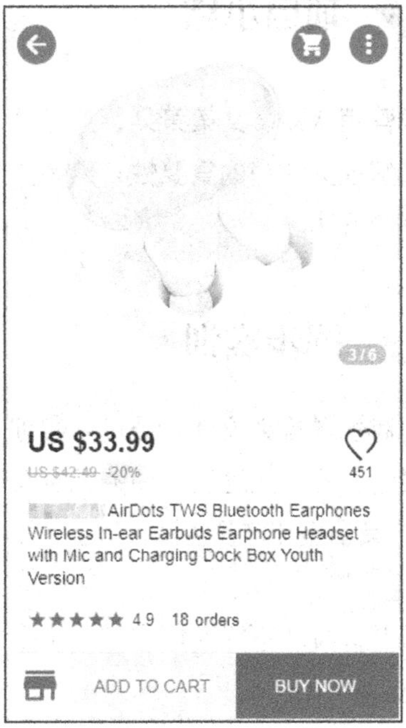

图 4-22　产品主图可展示 6 张

2. 产品详情页中自定义关联模块

详情页面出现的图片，在移动端系统会自动按 1：1 的比例进行自适应压缩，也就是原本宽度为 750 像素的图片，会自动缩小为适合手机屏幕宽度的图片，如图 4-23 所示。

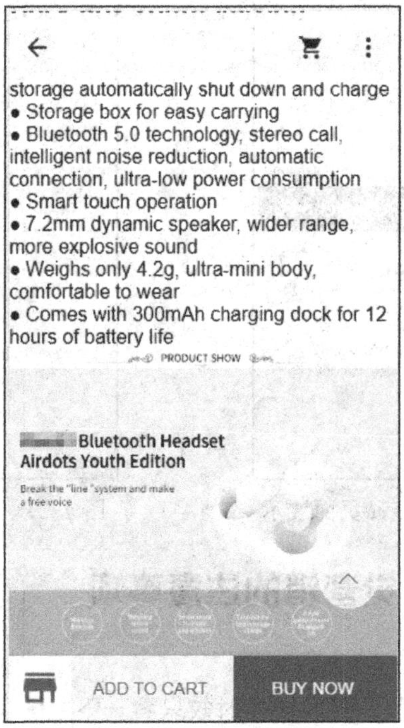

图 4-23 产品详情页展示

项目小结

本项目主要介绍了视觉营销认知、文案策划、产品图片处理、移动端视觉营销等内容，读者通过学习可以了解视觉营销的重要性，熟悉广告图设计、文案策划的技巧等，掌握跨境电商视觉营销的方法。

同步实训

本次实训为进行跨境电商视觉营销设计，通过本实训，读者能够掌握视觉营销设计的要点，视觉营销文案策划、图片处理及移动端视觉营销的设计技巧。

1．请你根据要求进行产品拍摄和产品主图设计。

主图设计要求如下。

图片视角：正面、侧面、背面、不同区域的细节（各 3 张）。

图片底色：白色或纯色。

图片尺寸：800 像素 ×800 像素。

Logo 放置：Logo 统一放置于图片左上角，面积不超过图片的 1/10。

其他要求：图片无边框和水印，不允许拼接。

2．请你根据要求进行文案设计和店招视觉设计。

店招设计要求如下。

尺寸要求：1200 像素 ×150 像素。

内容要求：包含店铺名称、Logo、文案等内容。

文案要求：说明店铺的产品定位。

设计要求：文案和图片分离、背景简单、图片清晰。

3．请你根据要求进行文案设计和广告图视觉设计。

广告图设计要求如下。

设计主题：春节或“双 11”促销。

尺寸要求：960 像素 ×400 像素。

版式要求：左图右文或右图左文。

色彩搭配：使用对比色，页面色彩不超过 3 种。

文案要求：文案简洁，强调为买家提供最优惠的价格。

项目五
跨境电商营销方式

以全球速卖通为代表的跨境电商平台为众多中小企业进入国际市场提供了极大的便利，但与此同时，也给各个跨境电商企业带来不小竞争压力。为了不断获得竞争优势，跨境电商企业需要不断完善和优化营销方法，评估各种营销方式的优劣，选取适合自己的跨境电商营销方式。

跨境电商的营销方式可分为站内营销和站外营销，站内营销包括店铺自主营销、平台营销活动，站外营销包括搜索引擎营销以及电子邮件营销。本项目将对以上跨境电商营销方式做具体分析。

学习目标

知识目标

1. 了解全球速卖通店铺自主营销、平台营销活动等知识；
2. 了解搜索引擎营销和电子邮件营销。

能力目标

1. 掌握全球速卖通平台的站内营销方式；
2. 掌握搜索引擎营销的技巧；
3. 掌握电子邮件营销的方法。

素质目标

1. 具备规则意识、管理意识、标准意识，培育品牌力和忠诚度高的企业店铺；
2. 具备求真务实的工作作风，能够合理借助平台进行产品运营和推广。

学习导图

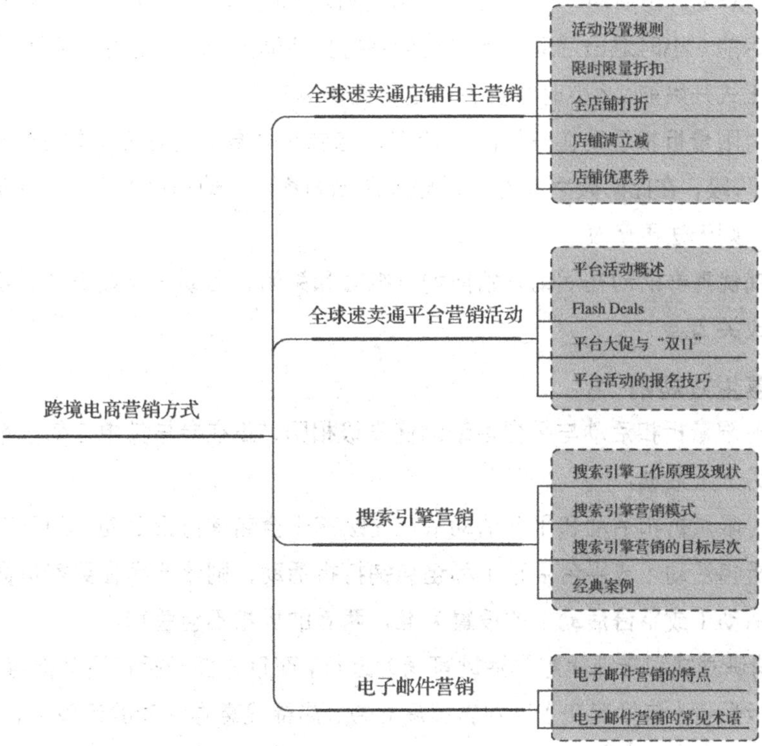

图 5-1 本项目内容结构

任务一 全球速卖通店铺自主营销

一、活动设置规则

活动设置规则主要包括权限要求、设置和展示规则、优惠生效规则 3 个方面。

1. 权限要求

限时限量折扣、全店铺打折和店铺满立减活动，卖家只要有在线产品就可以参加。店铺优惠券活动卖家需要开通全球速卖通店铺才可以参加。

2. 设置和展示规则

（1）限时限量折扣活动必须提前 12 小时创建，全店铺打折、店铺满立减和店铺优惠券活动必须提前 24 小时创建。例如，卖家创建了 5 月 1 日开始的活动，限时限量折扣活动需要在 4 月 30 日前创建，全店铺打折、店铺满立减和店铺优惠券活动需要在 4 月 29 日前创建。

（2）限时限量折扣、全店铺打折、店铺优惠券活动可以跨月创建，店铺满立减活动的开始和结束日期必须在同一个月内。例如，限时限量折扣活动的开始时间若在 5 月 1 日，结束时间可设置在 6 月 30 日之前；全店铺满立减活动的开始时间若在 5 月 1 日，结束时间则须在 5 月 31 日之前。

（3）限时限量折扣活动一旦创建，活动产品即被锁定，无法编辑。如果想编辑该产品，需在活动开始前 6 小时退出活动。参与全店铺打折活动的产品在创建活动时不会被立刻锁定，在活动正式开始前 12 小时才会被锁定，无法编辑。

（4）限时限量折扣活动在开始前 6 小时、店铺满立减活动在开始前 24 小时，即处于“等待展示”阶段，在此阶段之前都可以修改活动内容。活动一旦处于“等待展示”和“展示中”状态，则无法再修改。

（5）店铺优惠券活动在活动开始前均可编辑和关闭，活动一旦处于“展示中”状态，则无法修改或关闭。

3. 优惠生效规则

（1）限时限量折扣活动与平台活动的优先级相同，正在参与其中任何一个活动的产品都不能参加另一个活动。

（2）限时限量折扣活动和平台活动的优先级高于全店铺打折活动，如果有产品同时参加限时限量折扣活动（或平台活动）和全店铺打折活动，则该产品在买家页面展示时以限时限量折扣活动（或平台活动）的设置为准，两者的折扣不会叠加。

（3）店铺满立减和店铺优惠券活动可同时进行，而且与任一折扣活动都可以同时进行，折扣产品以折后价（包括运费）计入店铺满立减、店铺优惠券活动的订单中，优惠可叠加，更易刺激买家下单。

【想一想】

为什么要设置活动规则？

____

____

____

____

二、限时限量折扣

1. 限时限量折扣活动设置

打开全球速卖通后台，单击“营销活动”—“店铺活动”—“限时限量折扣”—“创建活动”，如图 5-2 所示。

2. 限时限量折扣的构成

限时限量折扣由 3 个模块构成：活动名称、活动开始时间和活动结束时间，这 3 个模块需要详细填写。活动名称需简单明了，如使用这个营销工具做产品清仓处理，活动名称可以直接输入“季末清仓款”；做活动款打造的，活动名称可以直接输入“打造活动款”，以此类推。需要注意的是，活动时间为美国太平洋时间，活动开始时间和活动结束时间的设置可以根据活动目的来设置，在正常情况下，设置为一周左右为宜，能给买家紧迫感。活动基本信息设置如图 5-3 所示。

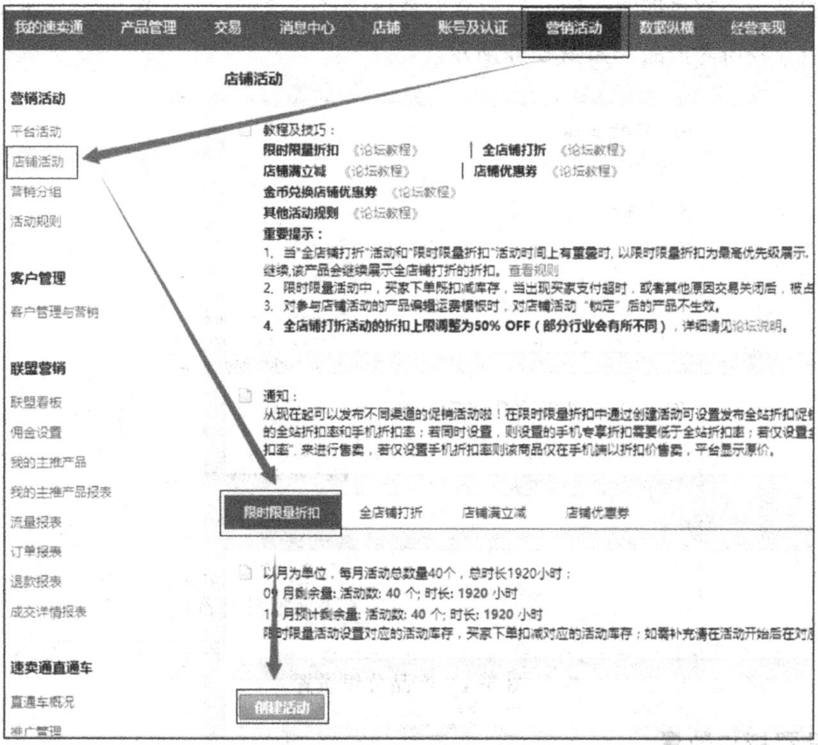

图 5-2　活动设置入口

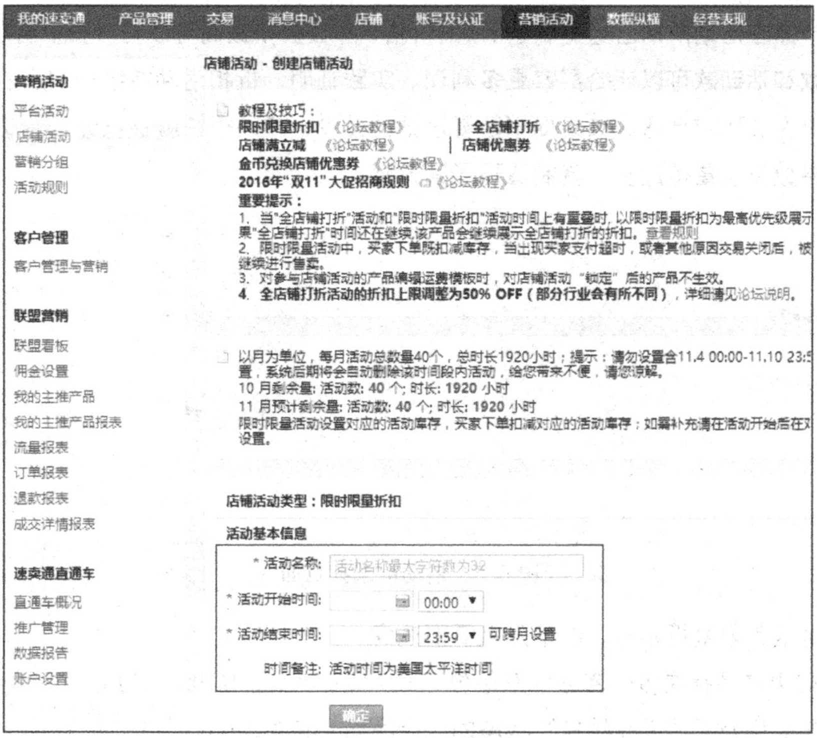

图 5-3　活动基本信息设置

3. 前期产品准备

在设置限时限量折扣活动前，一定要做好准备。需要注意的是，打完折后要确实能给买家带来优惠，不能是虚假折扣。把所有设置好的产品放进同一个组里，以便卖家在后续营销活动中寻找所需产品，如图 5-4 所示。

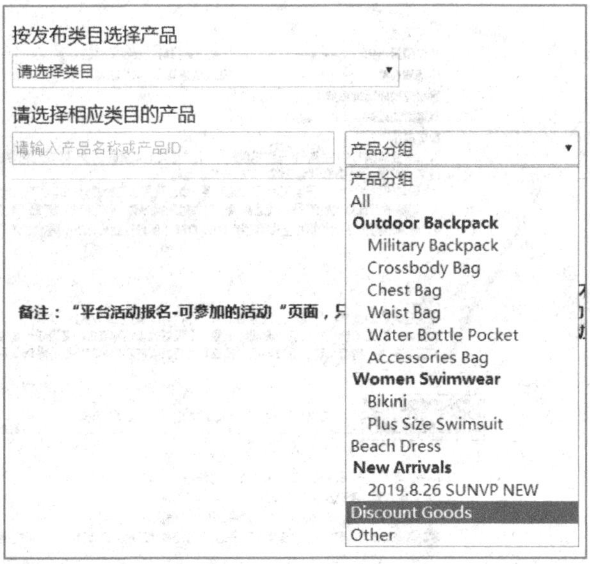

图 5-4　产品分组设置

4. 设置折扣数量

图 5-5 所示为活动款选择页面，根据前期产品的准备和活动目的设置活动款。例如，所选择的产品在活动前期已经提高了50%的价格，那么折扣最高可以打 5 折。当然，在活动前期，新款和活动款可以让给买家更多利润。实践证明，折扣活动持续一周左右，促销数量为 10 个左右比较合适。如果促销数量设置得过少，产品很快就被抢光，会达不到活动目的；如果数量设置得过多，就制造不了紧迫感。

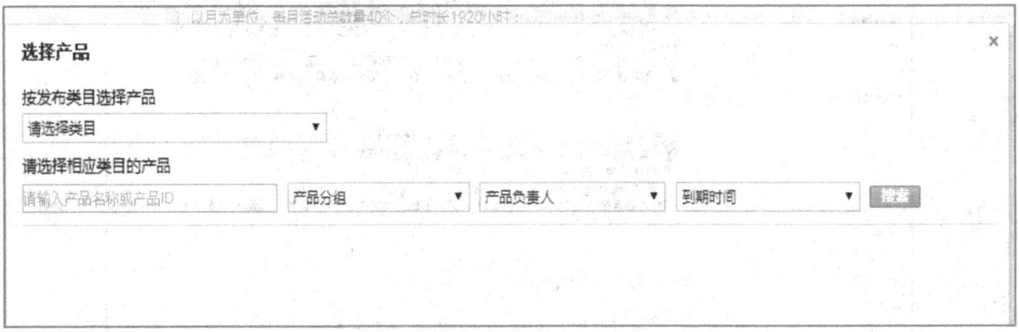

图 5-5　活动款选择页面

在设置限时限量折扣时，以下几点需要注意。

（1）如果产品存在多个库存保有单位（Stock Keeping Unit，SKU），则所有 SKU 的普通库存量非 0 且处于"正在销售"状态的此产品均会参加活动。

（2）同一产品必须在设置全站折扣后才能设置手机专享折扣。此折扣率可不设置，若设置，则设置的手机专享折扣率需要低于全站折扣率；若不设置，则手机端采用全站折扣率。

（3）促销价必须要低于 90 天均价。需要注意的是，90 天均价是指根据产品售出当天往前推的 90 天内，按照现售价规则（现售价是指目前展示在网站上买家可直接下单购买的价格）计算的平均值。所以，在这里要提醒卖家，平时的促销价格不要过低，否则该产品的 90 天均价会越来越低，不利于以后的促销活动和利润控制。

5. 联合营销

全球速卖通后台的每一个营销工具不是单独存在的，而是紧密联合的，只有把所有的营销工具结合使用，才能把限时限量折扣活动的效果发挥到最好。

（1）联合全店铺打折活动

限时限量折扣活动可以和全店铺打折活动进行联合营销，全店铺打折活动的功效是非常明显的，特别是对新店铺，效果是立竿见影的。所以开展限时限量折扣活动时，可以和全店铺打折活动联合起来，如图 5-6 所示。当然，也不是每一次限时限量折扣活动都必须参与全店铺打折活动，应尽可能将有竞争优势的限时限量折扣产品和全店铺打折活动相结合。

图 5-6　联合全店铺打折活动

（2）联合直通车推广

直通车给卖家带来的曝光量是非常可观的，所以卖家一定要运用好直通车这个工具，用直通车单独为参与限时限量折扣活动的产品制订一个计划。如果一个计划涵盖多个产品，那么目标产品的曝光量会被分流，对目标产品的推广是非常不利的。通过设置直通车推广，该产品可以得到尽可能多的曝光，如图 5-7 所示。

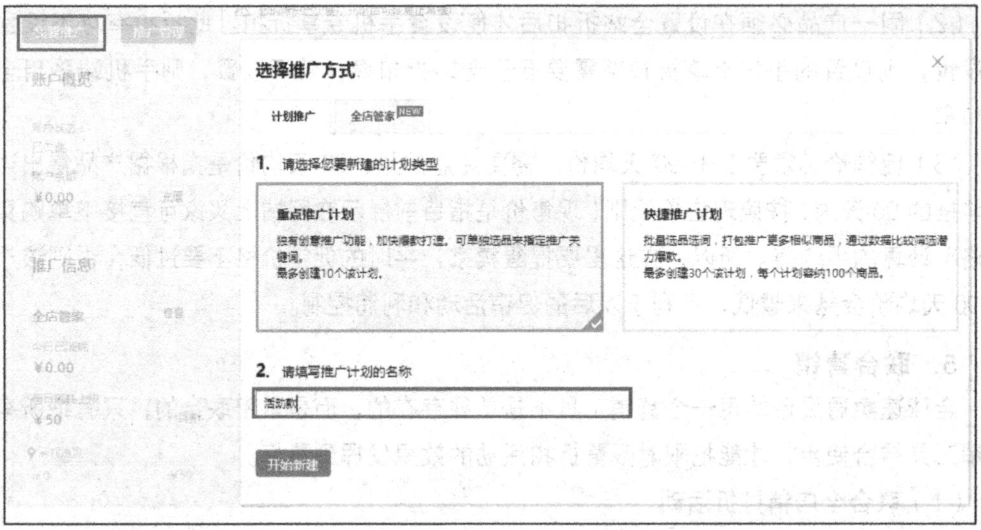

图 5-7 直通车推广设置

（3）联合店招和横幅

除了直通车，卖家还应该充分利用好店铺“装修”的工具。店招和横幅也是很好的广告位，如图 5-8 所示。当卖家开展某个产品的限时限量折扣活动时，可以充分利用店招和横幅的宣传作用。实践证明，这两个广告位能让限时限量折扣活动达到事半功倍的效果。

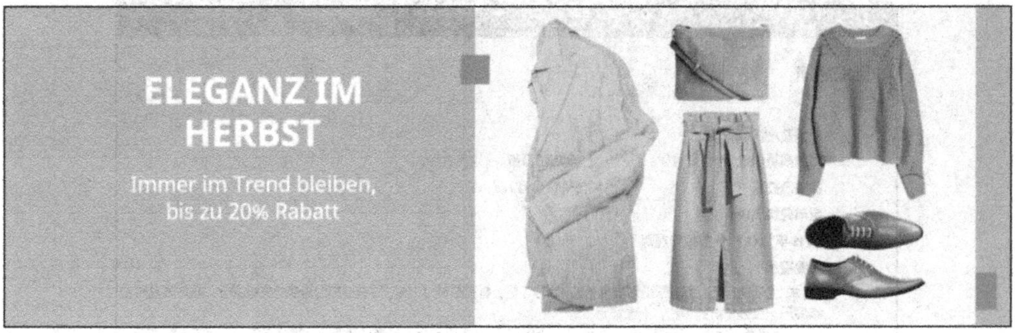

图 5-8 店招和横幅

卖家通过店招和横幅，可以把网店的优势、目标产品的介绍、店铺通知等信息推送给买家。例如，卖家可以在店招的抢眼位置，阐述某产品的价格和折扣优势；也可以直接在店招上添加活动产品的链接。事实证明，这有助于在一段时间内快速增加该产品的曝光量并提升购买转化率。

（4）联合店铺首页推荐位

店铺首页推荐位也应该充分利用，这也是一个很好的曝光资源位，如图 5-9 所示，显眼的折扣是非常吸引眼球的，能为限时限量折扣活动提供很大的帮助。

特别是左上角的产品位置，我们称之为“黄金位置”，是店铺流量最大的位置。我们要充分利用好店铺的“黄金位置”，把想推广的产品置于这个位置。当然这个位置的产品并不是固定不变的，这个“黄金位置”上的产品会随着营销计划而改变。

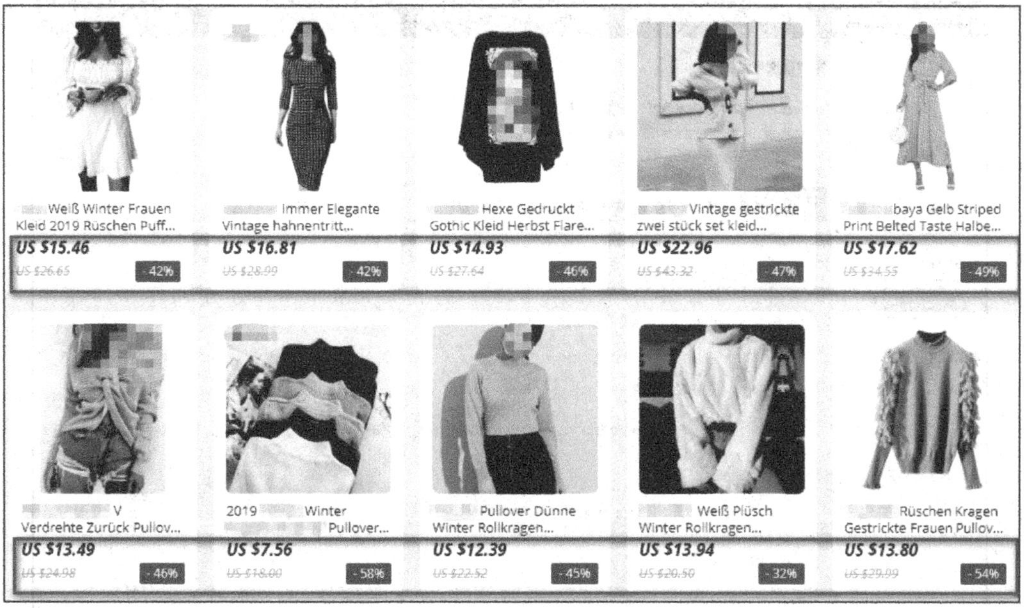

图 5-9　店铺首页推荐位

（5）联合联盟营销

联合限时限量折扣活动的另外一个营销“利器”就是联盟营销的主推产品。很多人可能会忽略联盟营销这个营销工具。图 5-10 所示为“我的主推产品”页面，如果想让某个产品成为联盟营销的主推产品，卖家最好提前一个月进行预热。主推产品的佣金比普通产品的佣金高一些，如将佣金设置为 5%以上，这样营销的效果会更明显。当然，卖家要根据自己店铺产品的利润率来设置。

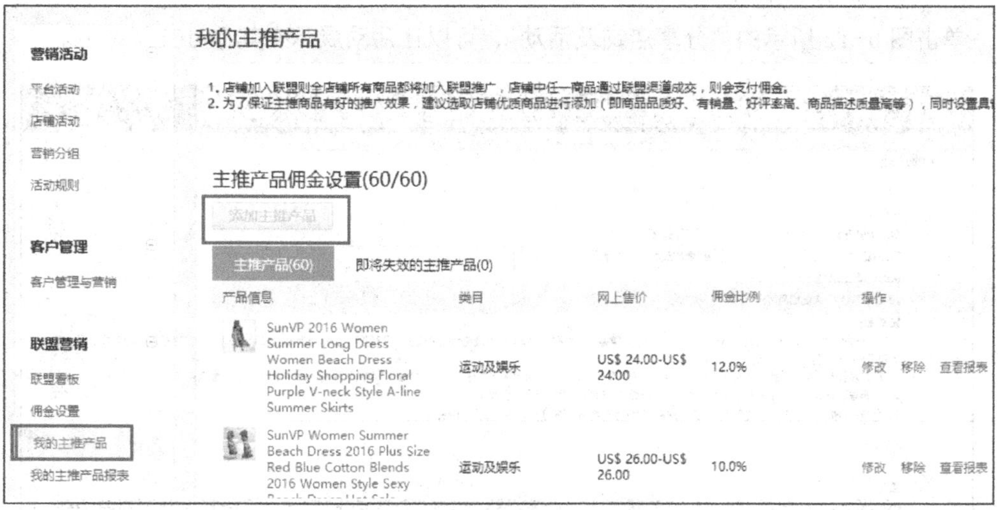

图 5-10　“我的主推产品”页面

（6）联合客户管理与营销

买家是店铺所有营销活动的根本，所有活动和营销的根本目的就是发展新买家，如果新买家已经有了，那么就要充分利用好“客户管理与营销”这个工具，如图 5-11 所示。

图 5-11 “客户管理与营销”页面

首先，卖家需要对买家的所有资料做一个整理归类。A 类买家的下单金额一般比较大，而且成交干脆；B 类买家有一些挑剔，当店铺有优惠的时候，他们总会很快出现。当产品折扣真的非常吸引人时，首先要推送的买家就是 B 类买家，如此，他们很容易成为店铺的忠实买家，但要注意的是，并不是每次都要通知。通过买家分析，卖家能得出每个买家购买周期的大概数值，所以营销邮件会首先推送给刚好处于购买周期的 B 类买家。

（7）分享店铺及活动

单击图 5-12 所示的“分享店铺及活动”，可以让活动展示在其他社交网站上。

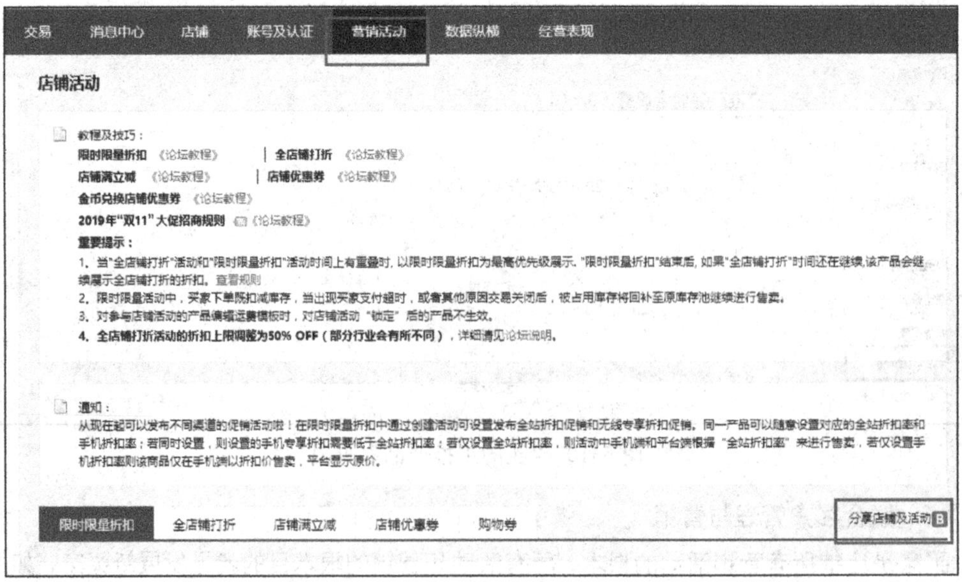

图 5-12 单击“分享店铺及活动”页面

【想一想】

1．在设置限时限量折扣活动之前需要做哪些准备工作?

____

____

2．联合营销有什么优势?

____

____

三、全店铺打折

全店铺打折活动是店铺自主营销的“四大利器”之一，对于新店铺来说，其作用更为明显，能快速提高店铺的销量和信用，提高店铺的综合曝光率。但是在开展全店铺打折活动前，有 3 点需要注意：第一，全店铺打折活动的时间为美国太平洋时间，只能创建 24 小时之后开始的活动；第二，在开展全店铺打折活动前，卖家必须对所有产品有一个整体的利润把控，也就是说，必须要明白每个产品能打多少折、利润有多少，这样才能用好“全店铺打折”这个工具；第三，要注意设置时间，当活动处于“等待展示”阶段，卖家不能再修改折扣力度，所以要做好计划再设置全店铺打折活动。

1．营销分组设置

要对产品的整体利润进行把控，最直接的方法就是设置营销分组，根据每个产品的利润空间划分组别，以后再设置每个产品的折扣就比较容易操作了。下面开始进行营销分组的设置，首先打开“营销活动”—“店铺活动”—“全店铺打折”页面，单击“营销分组设置”按钮，如图 5-13 所示。

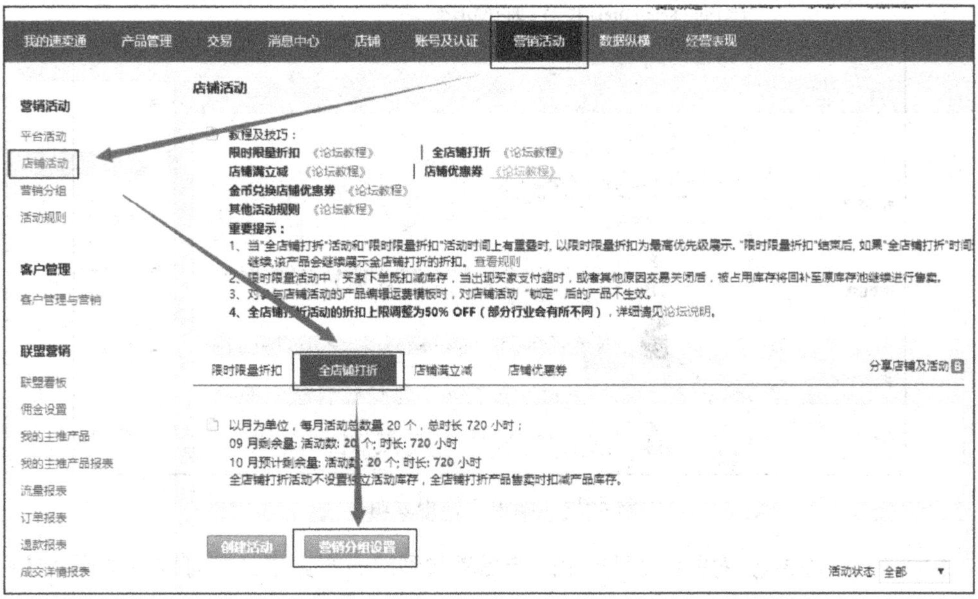

图 5-13　单击“营销分组设置”按钮

进入“营销分组”页面之后，接着要进行产品分组，对每个产品的利润进行整体核算，清楚每个产品的最高折扣、利润率是多少等，方便后续开展全店铺打折活动。

图 5-14 所示为一个已经设置好了营销分组的店铺，最高折扣相同的产品统一放在一个组里面。例如，“10% Discount”组里的产品，只有 10%的利润率，开展全店铺打折活动时，这个组里的产品最高只能打 9 折，如果打 9.5 折，那么就有 0.5 折的利润。这样全店铺的利润就可以完全把控，不至于亏本打折了。

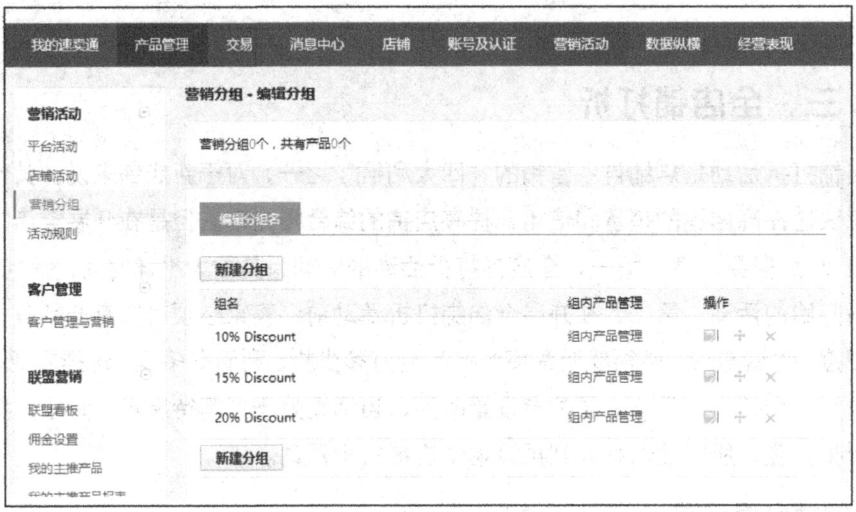

图 5-14　营销分组设置完成

对“营销分组”内的产品进行管理，卖家需要熟悉“添加产品”“移出分组”“调整分组”功能，如图 5-15 所示。

图 5-15　编辑“营销分组”

添加产品：如果想将更多相同折扣的产品添加到同一个组中，就可以单击这个按钮。

移出分组：把某个组里的产品移除后，系统会默认将其放到“Other”组中，所以把产品移出分组后，开展全店铺打折活动时，要特别注意“Other”组的折扣。

调整分组：若想把某个组里的产品调整到其他组中，可单击此按钮。

2. 全店铺打折活动设置

营销分组设置好后，设置全店铺打折活动就轻而易举了。首先打开“营销活动”—“店铺活动”—“全店铺打折”页面，单击“创建活动”按钮，如图 5-16 所示。

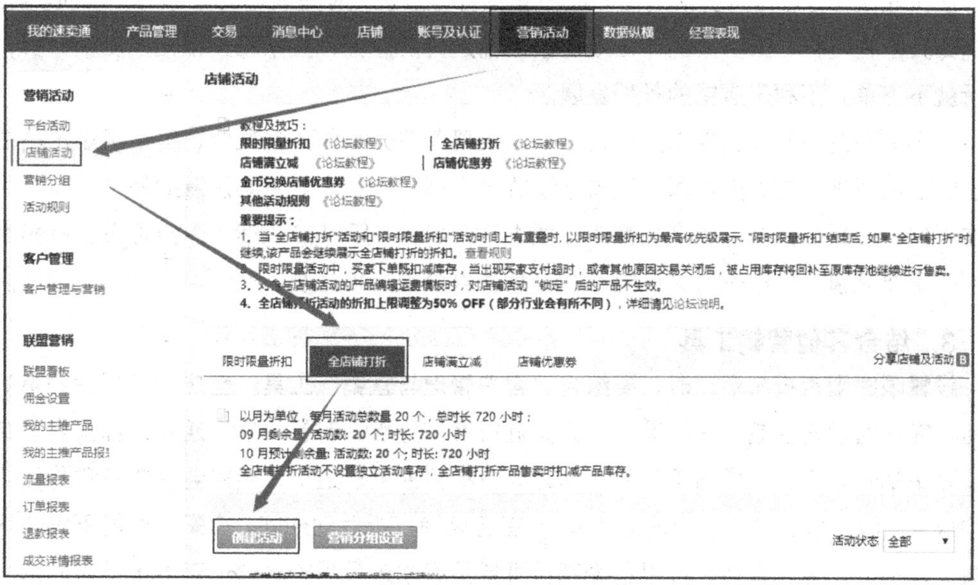

图 5-16　创建活动

进入全店铺打折活动信息设置页面，如图 5-17 所示。

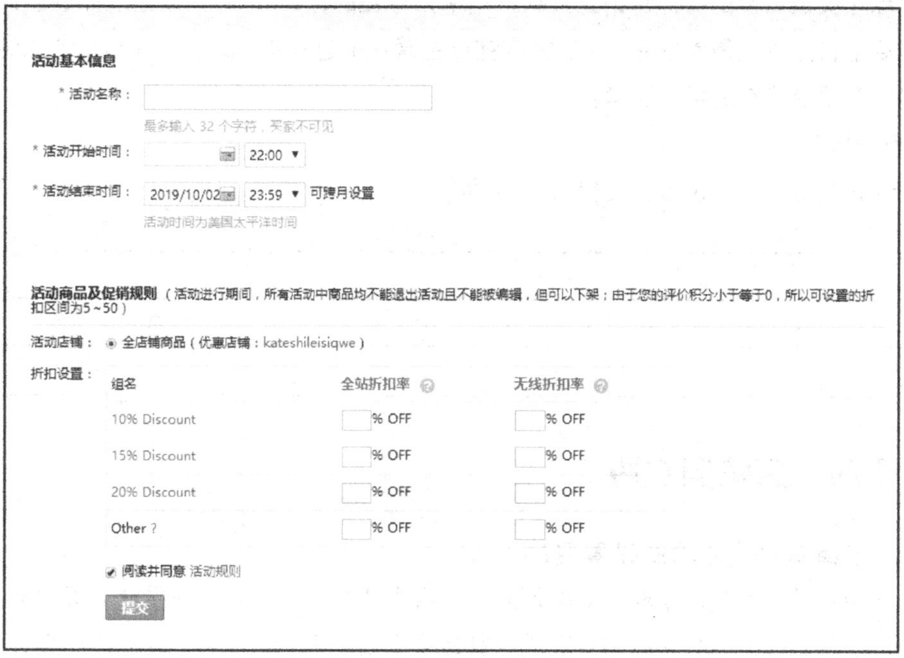

图 5-17　全店铺打折活动信息设置页面

此活动页面主要由两个模块组成：活动基本信息、活动商品及促销规则。四大店铺自主营销活动的基本信息都一样，都由活动名称、活动开始时间、活动结束时间组成，需要注意的是活动商品及促销规则的设置。

活动需要起一个一目了然的活动名称，假如是新品促销，则可以直接在活动名称中输入“新品促销”，方便后续观察。对于活动开始时间和活动结束时间，由于全店铺打折活动的力度比较大，全店铺打折活动的时间不宜设置得过长，时间最好设置为 3 天以内。否则，店铺每天都在打折，给买家的印象就是该店铺是打折店铺，买家每天都在等店铺打折，不打折就不下单，不利于店铺的长期发展。

对于活动商品及促销规则的设置，初期设置营销分组作用就在此，每个组里产品的最高折扣已经明确，在这里可以很轻松地设置全店铺打折活动。需要注意的是“Other”组，不在任何一个折扣分组中的产品都会被放进这个组里，所以在“Other”组里设置折扣力度时，一定要谨慎，仔细确认这个组里的产品后再设置折扣力度。

3. 结合其他营销工具

设置限时限量折扣活动时，要结合“客户管理与营销”工具。全店铺打折活动最好也联合“客户管理与营销”进行营销。首先进行客户分析，有针对性地通知目标买家，给买家发营销邮件，也可以借用第三方工具，向目标买家发出通知，买家会非常感激你细致周到的服务。除了联合“客户管理与营销”，在全店铺打折活动期间，卖家最好能不间断地进行直通车推广，通过直通车吸引新买家，可能买家本来只想购买通过直通车推广的产品，但是进入店铺之后，发现店铺中所有的产品都在打折，很多买家都会顺带买一些其他产品，这样就提高了店铺的客单价。

全球速卖通后台的每种营销工具都不是单独存在的，只有把它们紧密地联系起来使用，才能把店铺自主营销做到最好。在进行店铺自主营销的过程中，卖家只有不断地总结经验，才能进行最适合店铺的自主营销。

【想一想】

在什么情况下需要设置全店铺折扣活动？

____

____

____

____

四、店铺满立减

1. 店铺满立减活动的设置目的

在开展店铺满立减活动时，卖家首先应知道为什么做。例如，在平台上买水果，1 千克水果的价格是 5 元，如果买家买 3 千克就送 1 千克，相当于 15 元买了 4 千克，便宜了 5 元，大多数买家都会选择这样购买，那卖家也达到了其目的——提高客单价。卖家开展活动的目的就是提高客单价，达到目的才能算充分利用了这个营销工具。在开展店铺满立减活动之前，首先要知道店铺的客单价是多少。卖家可打开“数据纵横”—“成交分析”—“成交概况”页面，可以看到固定时间段内店铺的平均客单价，如图 5-18 所示。

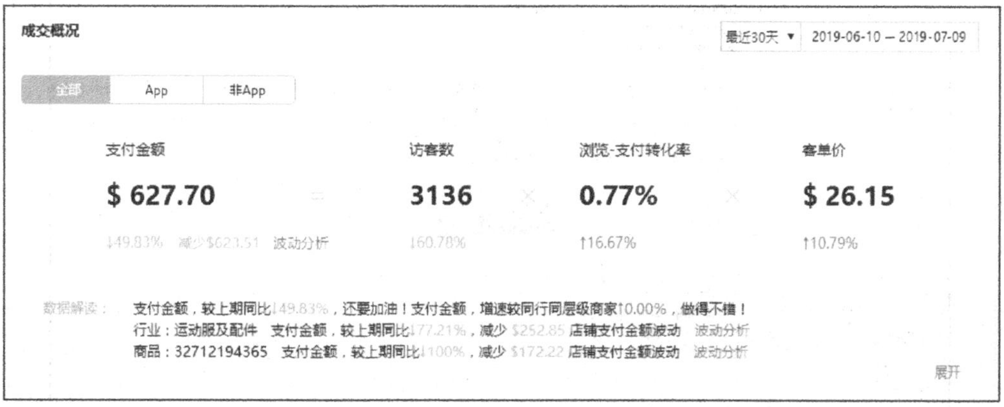

图 5-18　客单价概况

除了店铺后台给予的客单价参考值，还有一个最直接的办法可以用来判断客单价：找出近一个月的时间内，经常出单的产品中销售额最高的产品价格。当然，这个方法只适用于店铺的整体客单价相差不大的情况。需要注意的是，店铺满立减活动有数量和时长的限制，如图 5-19 所示，店铺满立减活动每月的活动总数量为 10 个，总时长为 720 小时。

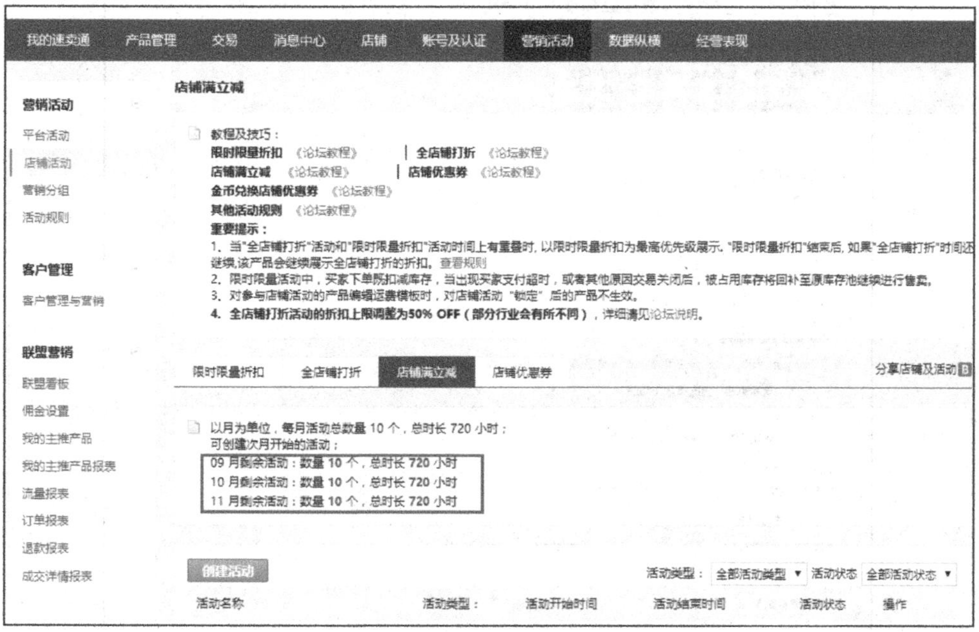

图 5-19　店铺满立减活动的数量和时长限制

2. 如何设置店铺满立减活动

卖家打开“营销活动”—“店铺活动”—“店铺满立减”页面，单击“创建活动”按钮即可进行店铺满立减活动的设置，如图 5-20 所示。

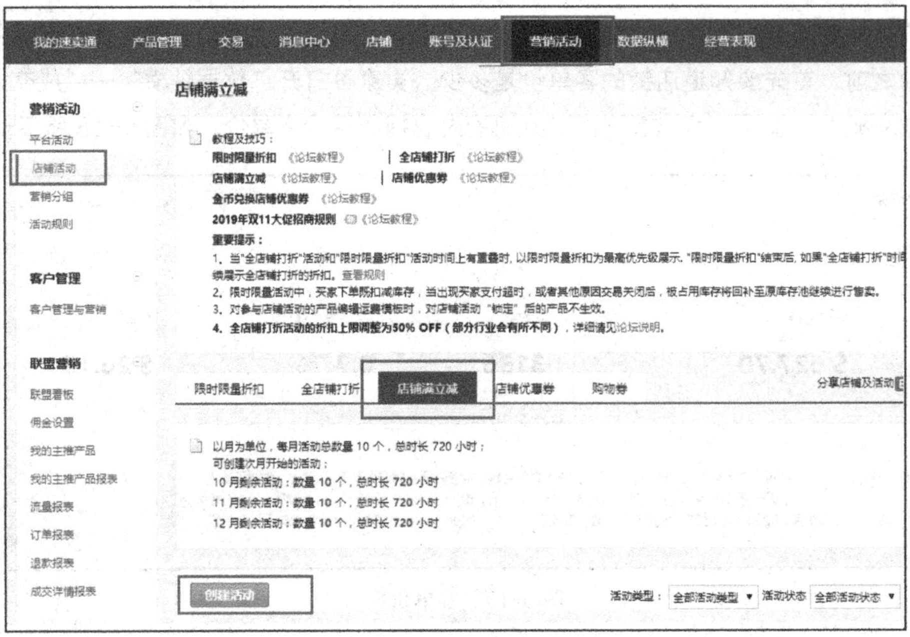

图 5-20　创建店铺满立减活动

店铺满立减活动设置页面有两部分内容需要卖家填写，即活动基本信息、活动商品及促销规则，如图 5-21 所示。

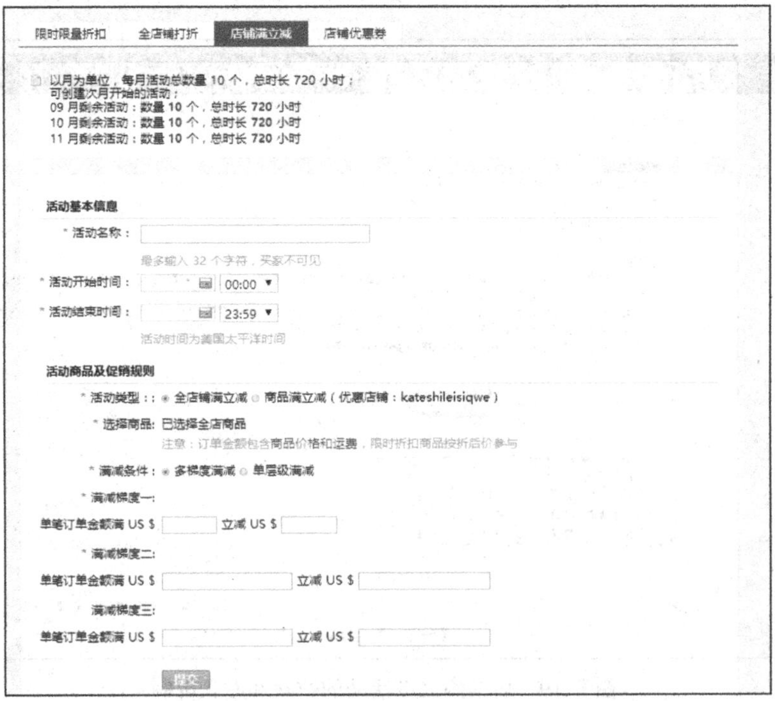

图 5-21　店铺满立减活动设置页面

首先，活动要起一个让人一目了然的名字，这个名称不会展示给买家。对活动开始时间和结束时间的设置，有 3 点要注意：第一，店铺满立减活动的开始时间和结束时间只能在同一个月内；第二，由于系统同步原因，至少需要提前 24 小时创建活动；第三，店铺满立减活动最好整月都存在，由于它只可以设置 10 个，总时长 720 小时，所以卖家在月初就要规划好整月的店铺满立减活动。

其次是活动商品及促销规则的设置。我们已经提到过，设置店铺满立减活动的目的是提高客单价，所以设置的规则也要以提高客单价为目的。假设，店铺的客单价为 15.41 美元，如果想让买家多买一件产品，那么就可以告诉买家，买满 30 美元，优惠 3 美元，这样对买家比较有吸引力，即单笔订单金额可以写 30 美元，立减金额可以写 3 美元。

【想一想】

店铺满立减活动还可以为店铺带来哪些好处?

五、店铺优惠券

1. 店铺优惠券活动的设置目的

店铺优惠券和店铺满立减活动一样，其首要目的是提高店铺的客单价，但是店铺满立减优惠金额较大，而店铺优惠券活动不一样，它可以设置成小金额，如 2 美元、3 美元、4 美元等。因此，对于卖家来说，店铺优惠券活动是比较灵活的。设置店铺优惠券活动的第二个目的是增加二次营销的机会。其实店铺优惠券活动在境外是比较流行的，境外买家很受用，卖家把优惠券发放给买家，他们就会想办法把优惠券用掉，这就达到了二次营销的目的。优惠券的特征和使用注意事项如图 5-22 所示。

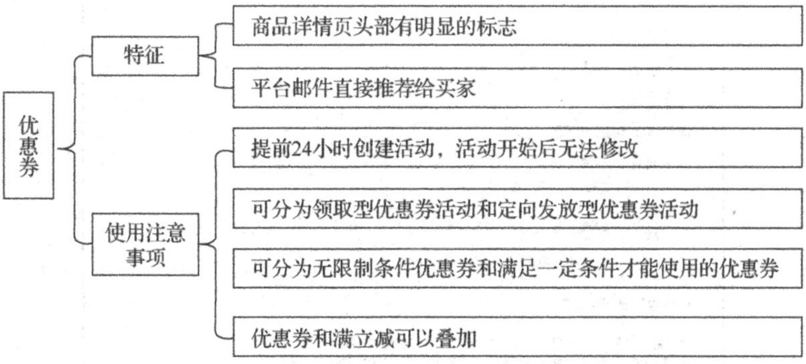

图 5-22　优惠券的特征和使用注意事项

2. 店铺优惠券活动的具体设置

店铺优惠券活动可以分为两种：领取型优惠券活动和定向发放型优惠券活动。店铺优惠券活动和店铺满立减活动一样，也有数量限制，领取型优惠券活动每月只有 10 个活动机会，定向发放型优惠券活动每月只可创建 20 个活动，这就需要我们在月初仔细规划，合理利用平台资源。

选择“营销活动”—“店铺活动”—“店铺优惠券”—“领取型优惠券活动”/“定向发放型优惠券活动”，单击“添加优惠券”按钮，如图 5-23 所示，即可进入创建优惠券的活动页面，如图 5-24 和图 5-25 所示。

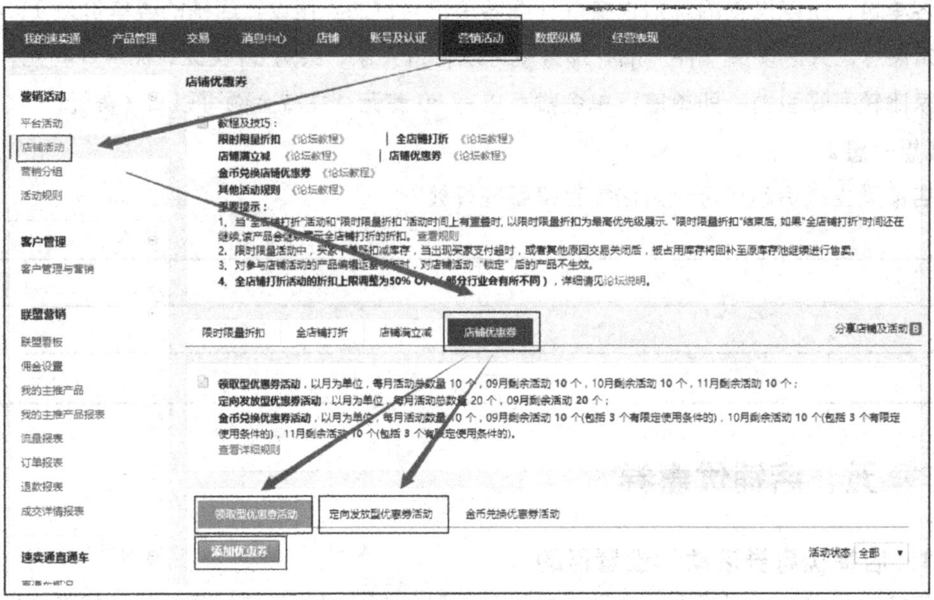

图 5-23　添加优惠券

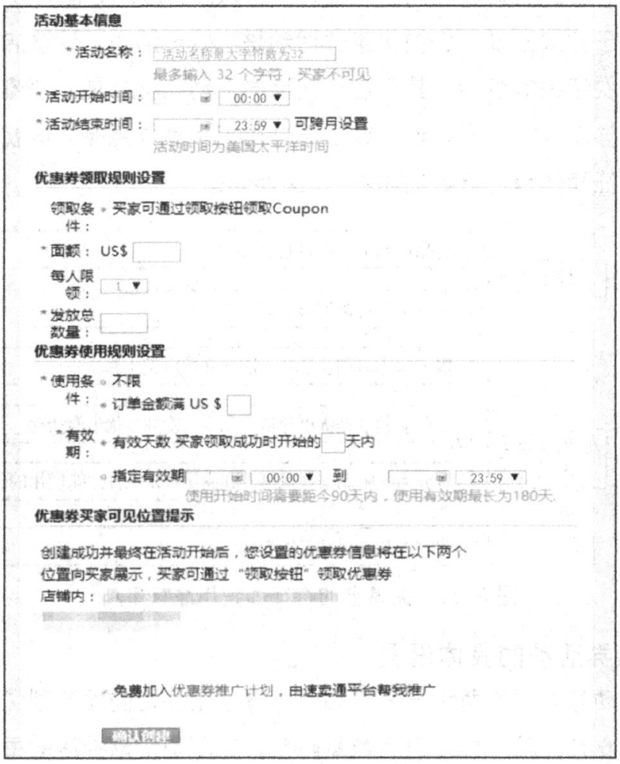

图 5-24　领取型优惠券活动创建页面

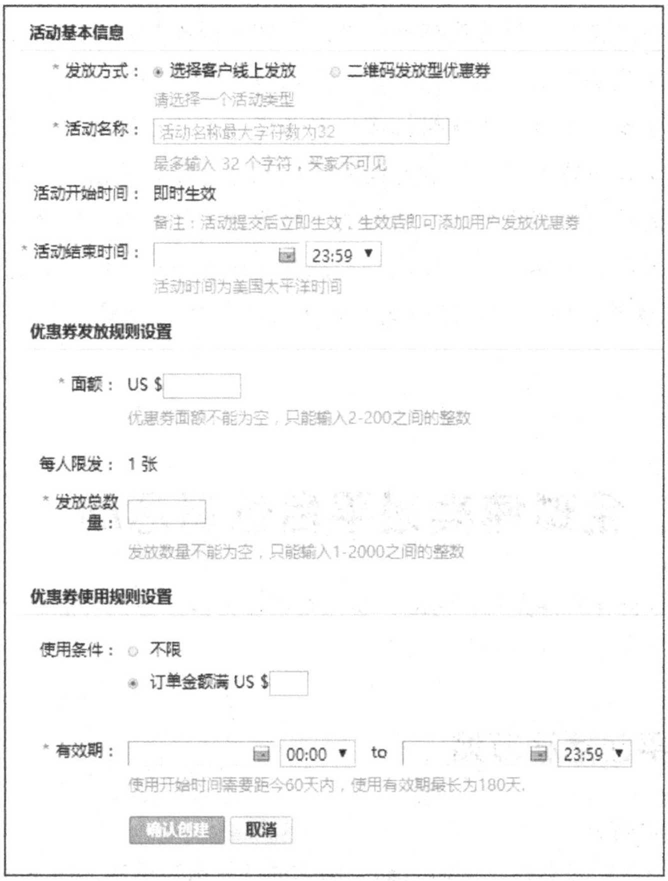

图 5-25 定向发放型优惠券活动创建页面

在领取型优惠券活动页面的活动基本信息中，活动名称要一目了然。例如这个店铺的客单价为 20 美元，为了提高客单价，可以设置满 30 美元就能使用 2 美元的优惠券。当然，如果店铺利润率可控，也可以设置一个 2 美元不限条件的优惠券，不限条件的优惠券对买家的吸引力非常大，建议多设置一些不限条件的优惠券，促进二次营销。对于活动开始时间和活动结束时间的设置，如果时间充足，建议设置优惠券的周期为 7～10 天。

定向发放型优惠券活动的开始时间和结束时间可以根据具体情况来设置，这里的开始时间和结束时间是指卖家向买家发放优惠券的时间范围。需要注意的是，券是即时生效的。在优惠券发放规则设置中有两部分需要我们填写，其中“面额”是指定向发放给买家的优惠券面值，只可以输入 2～200 的整数；“发放总数量”是指本次定向发送优惠券计划发放的数量，可以是 1～500 张。优惠券使用规则设置中的有效期是指优惠券的有效期，与活动的结束时间不一样。例如，今天是 8 月 19 日，设置了结束时间为 8 月 25 日的活动，同时设置了优惠券的有效期为 8 月 25 日至 9 月 5 日，则可以在 8 月 25 日前发放使用时间为 8 月 25 日至 9 月 5 日的优惠券。这里的有效期和领取型优惠券一样，建议设置有效期为 7～10 天。当然，卖家也可以根据自己店铺的具体情况来设置合理的定向发放型优惠券的有效期。

凡是与店铺有过交易，将该店铺产品加入购物车或者加入“Wish List”（愿望清单）的买家都可以成为定向发放优惠券的对象。卖家只需通过创建优惠券活动、选择发放对象、确定发放3步操作便可利用优惠券实现对新老买家的主动激活和维护。对于不同类型的买家，我们可以设置不同类型的定向发放优惠券活动，把累计交易金额从高到低进行排序，向交易金额高的买家发放大面值的、有条件的优惠券；向交易额低的买家发放小面值的、有条件的优惠券；对于将店铺产品加入购物车或“Wish List”的买家，建议发放无条件的优惠券，提升购物车或者“Wish List”的订单转化率，达到二次营销的目的。

任务二　全球速卖通平台营销活动

全球速卖通平台会有各类营销活动，卖家要根据自身产品的特点有选择地参加相应的营销活动。

一、平台活动概述

1. 平台活动简介

每一期的平台活动都会在“营销活动”模块进行展示和招商，如图5-26所示。卖家可以选取自己店铺内符合活动条件的产品，自主申请报名参加活动，一旦入选活动，该申报产品就会出现在活动的推广页面，获得大量流量。

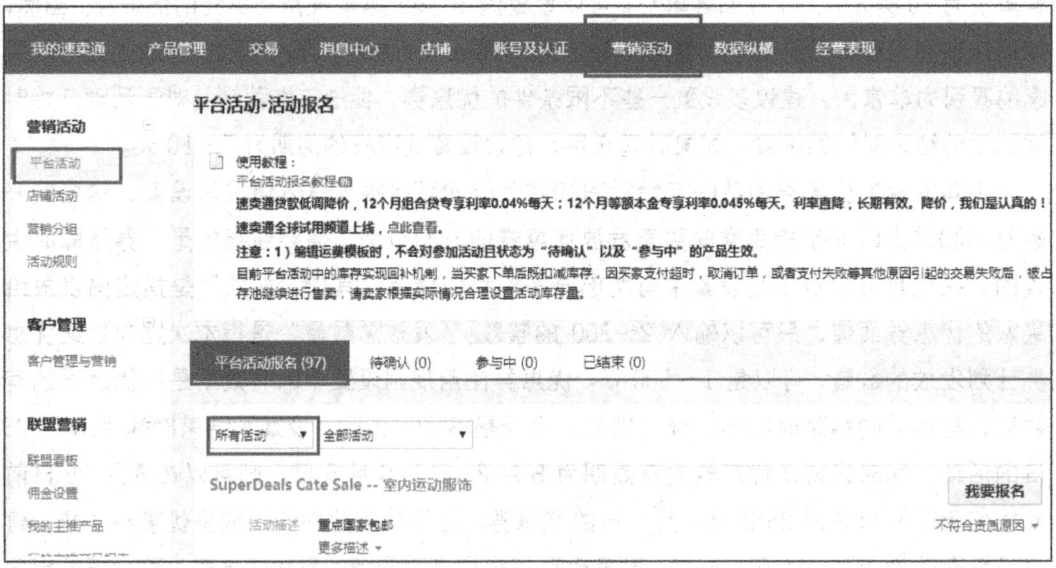

图5-26　平台活动展示

2. 平台活动分类

（1）平台常规性活动

Flash Deals 是全站唯一享有单品首页曝光的活动，适用于推广新品和打造“爆款”，包括“Now”“Upcoming”两种活动。

（2）团购、行业、主题活动

团购活动：针对特定国家或地区的营销活动，目前全球速卖通后台已开通俄罗斯、巴西、印度尼西亚和西班牙 4 个国家的团购活动报名入口。

行业活动：根据不同行业的特性，推出的专属于行业的主题营销活动，比如家具行业的行业活动“Transform Your Room”（改造你的房间）。

主题活动：针对特定主题设定的专题营销活动，如“新年换新主题活动”“室内运动服饰大促活动”“情人节大促活动”等。

（3）平台整体大型促销活动

一般来说，一年内平台整体大型促销活动会有 3 次，平台会根据不同的情况进行适当的调整。平台整体大型促销活动的流量非常大，全球速卖通“双 11”大促活动的流量最大。

【想一想】

亚马逊与全球速卖通平台活动有什么区别？除以上活动外，你在全球速卖通平台还发现了哪些活动？

____

____

____

____

二、Flash Deals

Flash Deals 由“全球速卖通无线抢购”及“Super Deals 活动”合并而成。该活动的目的是提升活动流量、给产品带来曝光率、提升用户体验。Flash Deals 在 PC 端和移动端同时拥有入口。

Flash Deals 活动的店铺报名资质和产品要求如表 5-1 所示。

表 5-1　Flash Deals 活动的店铺报名资质和产品要求

店铺报名资质	产品要求
（1）店铺等级：三勋及以上 （2）店铺 90 天好评率：95% 及以上 （3）店铺描述得分≥4.5	（1）此活动为一口价系统招商，需选择单一价的产品参加 （2）禁止提价打折，折后价为移动端当天的最低价 （3）报名产品在活动当天不得参加速卖通平台的其他任何活动，店铺自主促销的价格必须高于此活动的价格，否则将失去此活动的参与权限 （4）图片清晰，细节完善，折扣真实，好评量高

续表

店铺报名资质	产品要求
	（5）产品库存合理，总库存至少为 20 个 （6）每位卖家限报 1 个产品，请务必选择最符合条件且最具优势的产品 （7）请各位卖家理智选择活动时间报名，避免扎堆报名，提高入选概率

Flash Deals 活动每周招募 7 期活动，每天上线 1 期，每期活动展示 48 小时。图 5-27 所示为 Flash Deals 的活动页面。

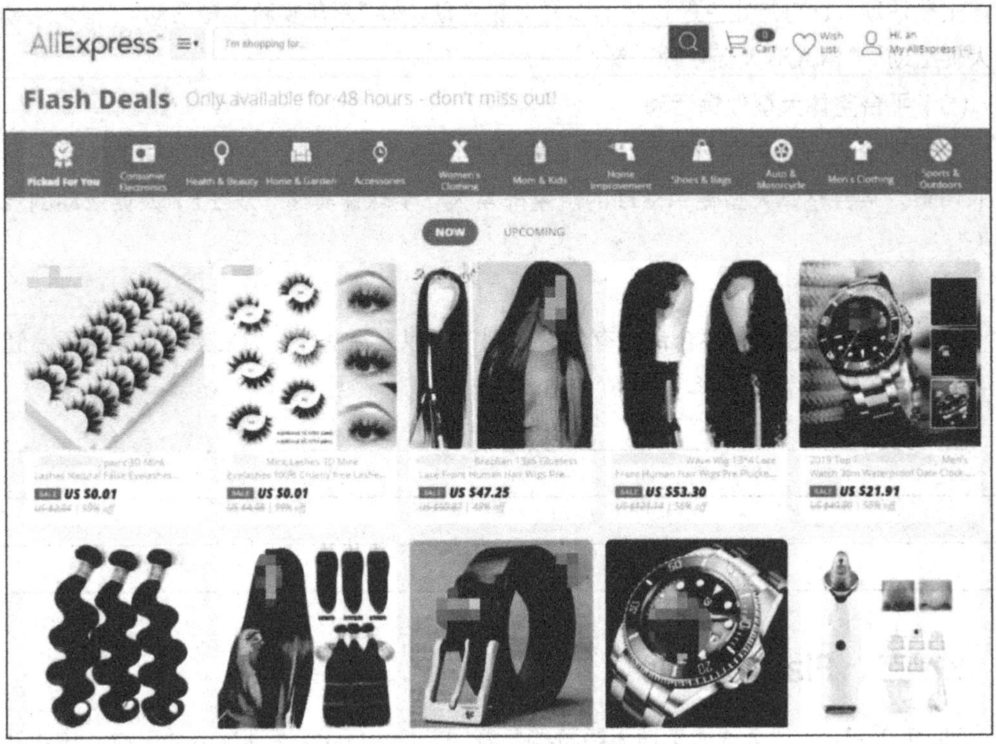

图 5-27　Flash Deals 的活动页面

拓展案例

Flash Deals 活动案例

Wisefin 店铺主要经营婴儿服饰及相关产品，如图 5-28 所示，主要产品有婴儿爬行服、半身裙、婴儿短裤、婴儿玩具等。为了提升销量，该店铺参与了全球速卖通平台的 Flash Deals 活动，第一个月订单量就提升了 200%。

网店经营者与 Flash Deals 活动进行联动合作，提升店铺“爆款”的销售量。据悉，活动开始前一天的预热阶段，300 张优惠券已被全部领取，活动当天上午又发放 300 张，下午 3 点活动开始前又被全部领取。另外，在本次活动中，Wisefin 还邀请了海外博主联合营销，活动开始后，海外博主非常积极地参与了活动。

图 5-28　Wisefin 店铺页面

【想一想】

Flash Deals 相对于平台的其他活动有哪些优势？

____

____

____

____

三、平台大促与“双 11”

目前全球速卖通平台整体大型促销活动（以下简称平台大促）每年会有 3 次，分别是年初的“3·25 购物节”（Shopping Festival）、年中的“8·19 金秋盛宴”（Supernova Sale）、年底的“双 11”大促（Double Eleven Carnival）。从力度来讲，“双 11”是促销力度最大，也是流量最大的平台大促。

每次平台大促，全球速卖通都会花费大量资源引进巨额流量，所以活动效果胜过其他所有的营销手段，平台大促的海量流量能带来大促后店铺及单品流量的快速攀升。与淘宝、天猫的平台大促不同，全球速卖通平台大促中产生的所有销量，都会计入产品销量，并参与产品搜索排名计分，实现平台大促后全店铺产品自然搜索排名和类目排名的飞跃式前进，所以历年的平台大促都是“兵家必争之地”。

平台大促主要包含秒杀活动、主会场 5 折活动、分会场活动、主题馆活动、优质店铺推广活动、全店铺折扣活动和“海景房”活动。

其中，“海景房”是“双 11”大促推出的新型大促活动类型，位于主会场的顶端，占据“双 11”的大部分流量。但是“海景房”的审核标准非常高，每个展位每个小时自动计算更新一次，根据产品的销量来确定哪个产品能在这个时段被展示在“海景房”位置。

"海景房"位置的产品要求把转化情况做到最优。"海景房"活动适合大卖家参与，中小卖家难以符合活动报名要求。

其他类型的活动报名要求相对简单，其中以主会场 5 折活动流量最大，也是中小卖家重点竞争的展示位置。参与活动主要考察产品的综合排名，通过活动前的优化，店铺产品是可以达到主会场 5 折活动产品的选择标准的。即使报名参加主会场 5 折活动失败，卖家自行设置的店铺 5 折活动也有机会出现在这个"黄金位置"。

四、平台活动的报名技巧

1. 平台活动报名前的准备

平台活动一旦报名参加成功，卖家就没有办法退出了，所以卖家在报名参加活动时要谨慎选择。

平台活动产品审核流程主要分两个阶段：第一阶段，机器审核，主要筛选硬性指标，如好评率、产品评分等；第二阶段，人工审核，主要审核产品的重复报名情况，以及产品的真实折扣情况等。机器审核通过后，卖家可以在后台看到相关的报名数据。机器审核成功后，则交由运营"小二"人工审核。平台活动报名前期的准备工作非常重要，下面重点介绍。

（1）选品

前期准备工作的第一步是选品。选品必须符合所要报名平台活动的要求，卖家需要仔细阅读平台活动招商细则。平台活动招商细则如图 5-29 所示。

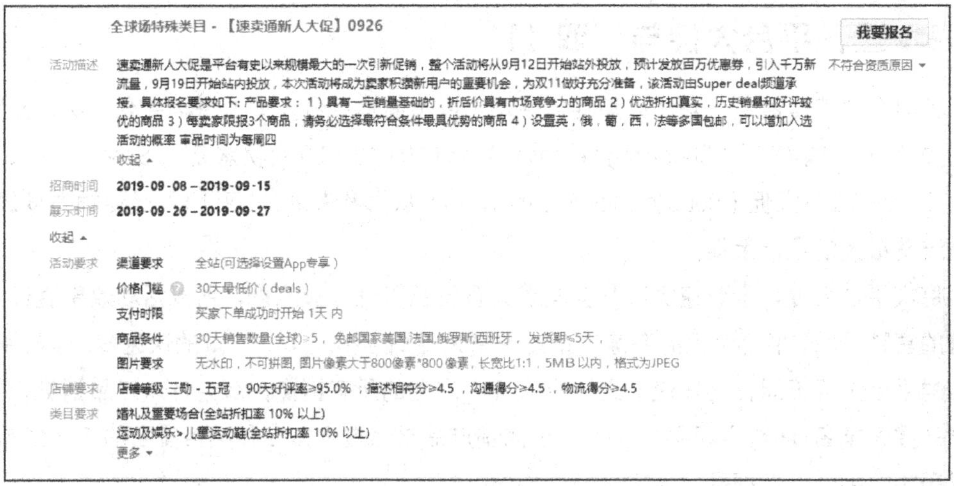

图 5-29　平台活动招商细则

综合来说，选品时需要注意以下几点。

第一，一口价招商，即报名产品必须为单一价格。很多产品存在多个 SKU 属性，卖家在选品时应注意选择多种 SKU 价格统一的产品报名，避免出现同一产品不同 SKU、不同报价的情况。

第二，禁止提价打折。在选品时，卖家选择的产品要能够接受一定的折扣减免，并且不能存在提价之后再打折的情况。这一点尤其重要，是平台活动报名审核时最重要的考核要素之一。

第三，图片清晰，最好做到主图像素不低于 500 像素×500 像素、白底无边框，主要产品居中且占据图片面积的 85%以上。产品图片细节完善，介绍充分。

第四，价格门槛、支付时限、商品条件、图片要求、店铺等级、90 天好评率等要符合活动要求。不同的活动，参加要求会略有不同，卖家登录平台活动报名的详情页面即可查看对应的活动要求。

完全符合以上要求的产品就是适合参与本次活动的产品，但是仅选择合适的产品还远远不够，每期平台活动报名的产品非常多，想要在众多产品中脱颖而出，我们还需要做更多的前期准备工作。

（2）提升产品的信息质量

产品选择好之后，还要不断提升产品的信息质量。例如，针对所选产品进行全面的产品属性优化和产品详情页优化，进行中、差评营销，以进一步提高产品评分，提升产品入选概率。

（3）确保产品后续供货稳定及产品质量

确认所选择产品的货源稳定、供应链完善、不会出现断货风险，同时确保所选产品是优质的。因为一旦报名成功，订单量会骤增，如果产品质量存在问题，平台活动结束后，卖家就很有可能面对大量的纠纷订单和差评；如果供应链出现问题，卖家将面对大量的成交不卖订单，所以确保产品质量和供应链没有问题是非常重要的。

2. 平台活动报名时的跟进

报名平台活动时我们需要注意以下几点。

（1）报名平台活动时首先要注意活动价格的设置。价格设置根据不同的活动类型有不同的要求，可以参考具体的活动细则。

（2）报名平台活动时还需要关注活动的库存设置。活动库存的设置区别于产品发布时的产品库存设置，活动报名成功后，活动展示的 SKU 是全量展示，无论产品的普通库存是否为 0，活动都会继续进行展示，所以应谨慎设置活动的库存。活动库存目前只支持平台活动（除团购和秒杀外）以及限时限量活动的库存补充。具体情况卖家可以根据不同活动所要求的库存量进行设置。

（3）报名平台活动后，需要再仔细检查一下运费模板是否符合活动要求，应尽快调整运费模板以符合活动报名要求。产品一旦锁定，运费模板就不能再进行更改了。

（4）尽量在第一时间报名平台活动。因为平台每期活动的运营资源有限，为了避免扎堆报名，应尽量提前报名，以提升入选概率。

3. 平台活动的维护

（1）活动报名成功后需要做好店铺“装修”，设计店招、海报，进行切片营销和关联营销，以实现平台活动最大化带动全店销量的效果。

（2）做好定向优惠券营销、收藏夹和购物车营销等，以配合平台活动的开展，提升店铺的购买转化率。

（3）注意客服回复的及时性，提高客服的询盘回复速度，增加客服在线时长，以满足不同国家和地区的时间要求。

（4）活动结束后应及时发货，做好售后服务，提升好评率，提升买家购买体验和服务体验，留住老买家。

一次优秀的平台活动营销可以为店铺带来非常多的流量和订单，这也是全球速卖通平台最快捷、有效的营销方式之一。

【想一想】

如果没有及时跟进平台活动会出现哪些情况？你还能想到哪些平台活动的维护方法？

____

____

____

____

任务三　搜索引擎营销

一、搜索引擎工作原理及现状

我们之所以能够在百度中很快找到我们需要的信息，是因为百度这样的搜索引擎已经预先为我们收录了大量的信息。各个时间段的各种内容都能够在搜索引擎中被找到。

知识链接

搜索引擎优化及搜索引擎工作原理认识

搜索引擎优化（Search Engine Optimization，SEO）是指从自然搜索结果中获得网站流量的技术和过程，是在了解搜索引擎自然排名机制的基础上，对网站进行内部及外部的调整优化，提高网站在搜索引擎中的关键词自然排名，获得更多的流量，从而达成网站销售量提升及品牌形象优化的目标。

搜索引擎优化是通过控制各种搜索引擎优化要素，使店铺更加符合搜索引擎的排名规则，从而获得更靠前的自然搜索结果排名的方法。获得更靠前的排名意味着能获得更多的访问者，也就能获得更高的销售量和利润。

搜索引擎优化可以按照实施顺序分为关键词研究、关键词策略制定及部署、站内优化、站外优化、效果追踪与分析 5 个环节。

在全球速卖通中，搜索引擎优化被引申为一个狭义的概念，即产品搜索排序优化，其目的在于在既定的全球速卖通网站搜索规则下，让目标产品在其搜索关键词下能够被系统抓取，如图 5-30 所示。

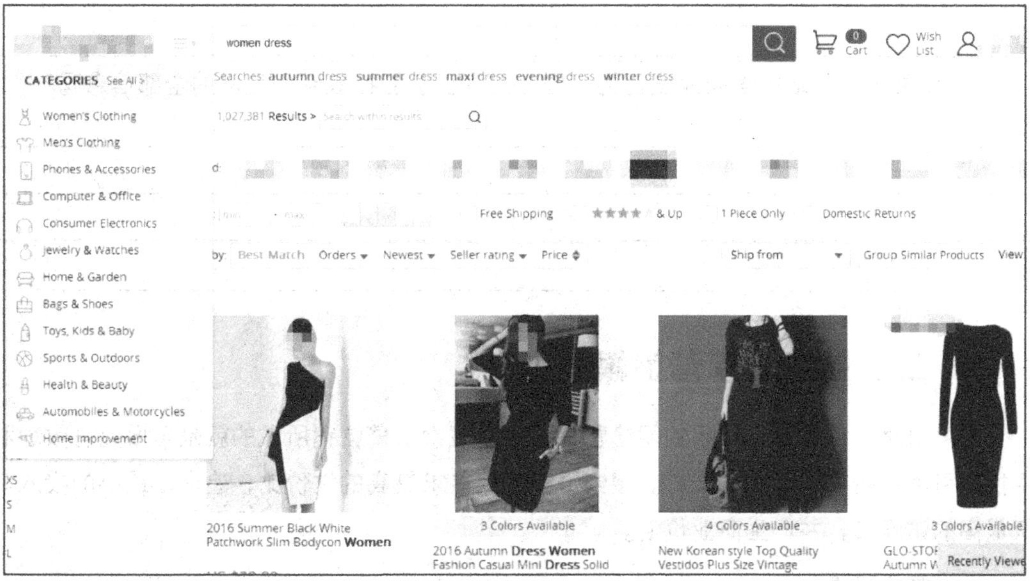

图 5-30 搜索引擎优化抓取

要了解搜索引擎优化，首先要了解爬行器（Crawler）。它的称谓有很多，也被称为爬行蜘蛛（Spider）。这些爬行器其实是用计算机语言编制的程序，用以在互联网中访问各个网站，将访问的每个网页信息以最快的速度带回自己的“大本营”。

要想这些爬行器每次能够最大、最多地带回信息，仅仅依靠一个爬行器在互联网上不停地抓取网页肯定是不够的。所以，搜索引擎会派出很多个爬行器，让它们以浏览器上安装的搜索工具栏，或网站主通过搜索引擎提交页面提交的网站为入口开始“爬行”，到达各个网页，然后通过每个网页的超级链接进入下一个页面，这样一直不断地进行下去。

搜索引擎并不会将整个网页的信息都抓取回来，有些网页的信息量很大，搜索引擎只会抓取每个网页最有价值的信息，如标题、描述、关键词等。百度一次大概最多能抓取 120KB 的信息。因此，如果想让网站的网页信息都被搜索引擎抓取，那么就不要把网页设计得篇幅太长、内容太多。

爬行器从网络中抓取各种信息后，放置于数据仓库里；搜索引擎将根据关键字描述等相关信息，对从网络中抓取的所有资料进行分门别类的整理和压缩，然后再编辑到索引里，一部分抓取回来经过分析发现无效的信息则会被丢弃。只有经过编辑置于索引下的信息，才能够在搜索结果中出现，再按照关联度由高到低进行排列，最终呈现在用户眼前。

【想一想】

1．搜索引擎营销和搜索引擎优化之间是什么关系？

2．如果一个网站的访问深度达到5层，搜索引擎能抓取到它上面的全部信息吗？

二、搜索引擎营销模式

搜索引擎营销是一种常用的网络营销形式。搜索引擎营销所做的就是全面而有效地利用搜索引擎进行网络营销和推广。搜索引擎营销追求最高的性价比，追求以最小的投入获取最高的访问量，并产生商业价值。

1．竞价排名

顾名思义，竞价排名就是网站付费后才能被搜索引擎收录，付费越高，排名越靠前。竞价排名服务是由卖家为自己的网页购买关键字排名，按单击计费的一种服务。卖家可以通过调整每次单击付费价格，控制自己在特定关键字搜索结果中的排名，并可以通过设定不同的关键词捕捉不同类型的目标访问者。

值得一提的是，即使做了竞价排名，卖家也应该对网站进行搜索引擎优化设计，并将网站信息录入各大免费的搜索引擎中。

2．购买关键词广告

购买关键词广告即在搜索结果页面显示广告内容，实现高级定位投放，卖家可以根据需要更换关键词，相当于在不同页面轮换投放广告。

3．搜索引擎优化

搜索引擎优化通过对网站进行优化设计，使网站在搜索结果中的排名靠前。搜索引擎优化包括网站内容优化、关键词优化、外部链接优化、内部链接优化、代码优化、图片优化、搜索引擎登录等。

【想一想】

1．在百度中找出哪些是竞价排名的词条，哪些是自然排名的词条。

2．网站内容应该如何针对搜索引擎进行优化？

三、搜索引擎营销的目标层次

由搜索引擎的信息传递过程和实现搜索引擎营销的基本任务，可以进一步推论，在不同的阶段，搜索引擎营销具有不同的目标，最终的目标是将浏览者转化为真正的买家，从而增加销售收入。图 5-31 描述了搜索引擎营销的目标层次，从下到上，目标实现难度依次提高。

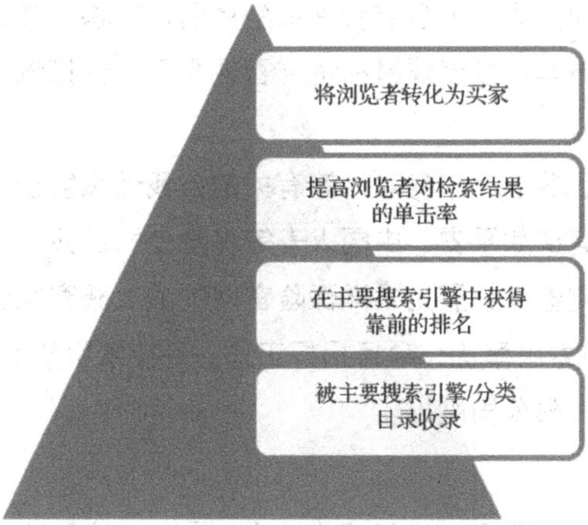

图 5-31　搜索引擎营销的目标层次

从图 5-31 中可以看出，搜索引擎营销可分为 4 个目标层次，可简单描述为存在层、表现层、关注层和转化层。

第一层（存在层）的目标是在主要的搜索引擎/分类目录中获得被收录的机会，这是搜索引擎营销的基础，脱离了这个层次，搜索引擎营销的其他目标也不可能实现。存在层的含义就是让网站中尽可能多的网页被搜索引擎收录，也就是提高网页的搜索引擎可见性。

第二层（表现层）的目标是在被搜索引擎收录的基础上尽可能获得靠前的排名，即在搜索结果中有良好的表现。因为浏览者关心的只是搜索结果中排名靠前的少量内容，如果在利用主要的关键词检索时，网站在搜索结果中的排名靠后，那么还有必要利用关键词广告、竞价广告等形式作为补充手段使排名靠前。同样，如果在分类目录中的位置不理想，卖家需要同时考虑在分类目录中利用付费等方式获得靠前的排名。

第三层（关注层）的目标则直接表现在网站访问量指标方面，也就是通过提高搜索结果点击率来提高网站访问量。由于只有受到浏览者关注，经过浏览者选择后的信息才可能被单击。从搜索引擎的实际情况来看，仅仅做到被搜索引擎收录并且在搜索结果中排名靠前是不够的，这样并不一定能提高浏览者用户的点击率，更不能保证将浏览者转化为买家。想要通过搜索引擎营销实现访问量增加的目标，卖家需要从整体上进行网站优化设计，并充分利用关键词广告等有价值的搜索引擎营销专业服务。

第四层（转化层）的目标是通过访问量的增加来提高企业的最终收益的，即将浏览者转化为买家。转化层是前面 3 个目标层次的进一步提升，是各种搜索引擎营销实现效果的集中体现，但并不是搜索引擎营销的直接效果的体现。从实施各种搜索引擎策略到产生收益，其间的中间效果表现为网站访问量的增加，网站的收益是由访问量转化形成的，从访问量转化为收益则是由网站的功能、服务、产品等多种因素共同决定的。

四、经典案例

中国太平洋保险公司搜索引擎优化案例

中国太平洋保险公司是国内大型综合性保险集团，提供人寿、财产、健康、养老投资等全方位风险保障解决方案、投资理财和资产管理服务，主打汽车、人身意外、家庭、旅游等各类保险。

随着人们对与健康、养老、人身意外等有关的自我保障意识的觉醒，保险保障需求进一步增加。而市场上又有诸如平安、中国人寿等保险公司巨头，太平洋保险为了打造保险行业生态体系，进一步完善并扩展太平洋保险官网的线上获客渠道，提升线上用户量级，于 2017 年 5 月进行了搜索引擎优化项目招标工作。各搜索引擎优化供应商经过多轮角逐，最终上海夏易网络科技有限公司胜出。

1. 营销目标

（1）提高官网的自然搜索总独立访客数，7 个月时间访客数量超过 2000 万。

（2）提高品牌知名度。

（3）提升太平洋保险的品牌及服务在网络上的影响力，提高公众对太平洋保险品牌的好感度。

2. 核心洞察与策略

分析太平洋保险官网产品，针对用户群体进行分类画像，从用户对产品的熟悉程度、地域、年龄等维度分析寻找流量增长点。

从搜索引擎优化层面将营销策略分成两部分。一部分，保障核心品牌词及产品词在搜索引擎首页前三的排名。另一部分，根据产品与用户优化网站结构及内容，全方面覆盖用户需求。

3. 传播渠道分析

图 5-32 为 2017 年 9 月我国搜索引擎市场份额。项目本身是搜索引擎优化项目，更多是从搜索引擎获客，根据搜索引擎占比份额，应采用百度、360 搜索重点优化，其他搜索渠道全覆盖的策略。

4. 传播地域分析

图 5-33 为关注太平洋保险品牌的人群地域分布 Top10 城市排名，其中上海、北京、广东三个城市排名前三，在覆盖相关内容时，应制定侧重于 Top3 城市地域类关键词的曝光策略。

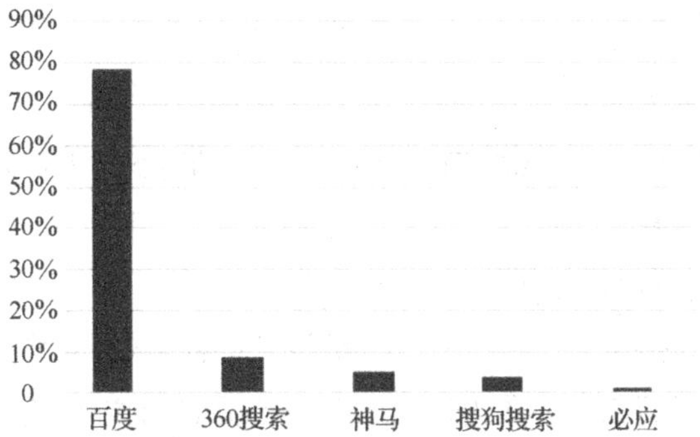

图 5-32　2017 年 9 月我国搜索引擎市场份额

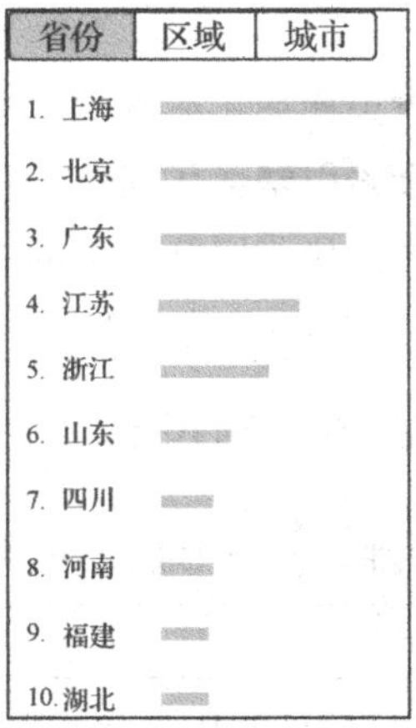

图 5-33　关注太平洋保险品牌的人群地域分布 Top10 城市排名

5. 传播人群分析

年龄为 30～39 岁的用户占比超 55%，男性用户量基本与女性持平，如图 5-34 所示。在内容规划上，文章内容建设应符合年轻化的、具有一定经济能力的 30～39 岁用户的习惯。

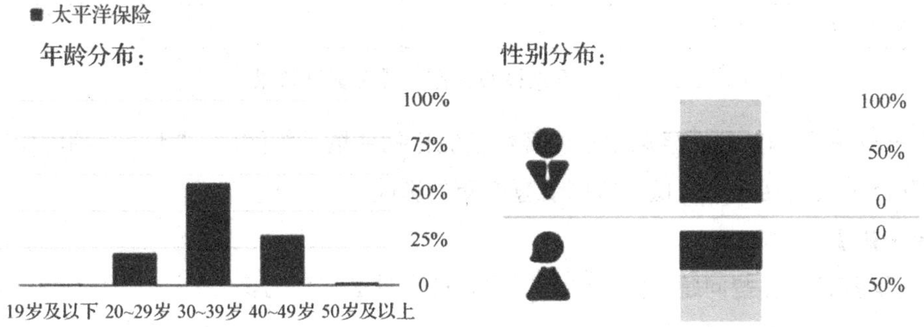

图 5-34　传播人群分析

6. 核心创意与实现

（1）基础站内问题

上海夏易网络科技有限公司针对太平洋保险集团官网及其子站点进行了全方位的搜索引擎优化关键词分析、诊断、拓展、内链建设方案设计，并配合完成了 ecpic 域名向 cpic

域名的转换。

（2）操作规范制定

对于常见问题如 Canonical、XML 网站地图、PC 移动适配，上海夏易网络科技有限公司为中国太平洋保险集团提供了规范的文档，方便其产品、设计、前端等人员参考使用。

（3）移动端搜索引擎优化流量

从百度、360、搜狗等搜索引擎出发，上海夏易网络科技有限公司针对已有的移动端页面与 PC 端页面进行了适配工作并跟进适配进度；分析 PC 端站点流量，针对流量高、转化好且未有移动端页面的页面，分批次进行了移动页面建设和适配工作。

（4）日常工作内容

① 通过关键词分析，寻找搜索引擎优化流量增长点，并提供详细的优化执行方案。

② 持续检查目前网站存在的搜索引擎优化问题，并提供优化方案。

③ 针对常见问题，提供搜索引擎优化规范并提供培训指导，避免再次出现类似问题。

7. 结果与核验

重点核心关键词排名提升效果如图 5-36 所示。

关键词	指数	2017.6.15排名	2017.8.23排名	2017.8.29排名	2017.10.13排名	2017.11.15排名
车辆保险	829	16	11	5	6	8
汽车保险	1523	11	11	10	7	7
人寿保险	3563	18	14	12	14	8
车险报价	1121	19	3	1	4	3
保险公司	1845	20	7	6	3	6
保险	3745	5	9	7	8	7
人寿车险	1243	12	6	6	7	3
车险	2354	25	16	11	6	6
车险计算器	3674	11	7	9	10	9

图 5-36　重点核心关键词排名提升效果

图 5-37 所示的自然搜索总独立访客数较优化初期增长约两倍，“十一”期间由于互联网行业整体的关注搜索量降低，官网流量亦受到影响。

【想一想】

上述案例存在哪些问题？针对这些问题，你有什么应对方案？

____

____

____

____

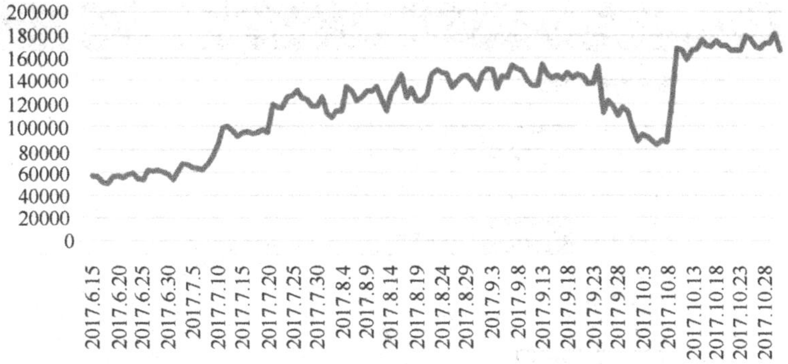

图 5-37　自然搜索总独立访客数

任务四　电子邮件营销

一、电子邮件营销的特点

电子邮件营销比大部分网站推广和网络营销方式出现的时间都要早，电子邮件营销方式必须通过电子邮件营销软件对电子邮件营销内容进行发送，即卖家通过使用电子邮件营销软件向目标买家发送电子邮件营销邮件，建立同目标买家的沟通渠道，向其直接传达相关信息，用于促进销售。电子邮件营销软件有多种用途，可以发送电子广告、产品信息、销售信息问卷、市场调查问卷、市场推广活动信息等。

电子邮件营销主要有以下几个特点。

1. 精准直效

电子邮件营销可以精确筛选发送对象，将特定的推广信息投递至特定的目标群体。

2. 个性化定制

电子邮件营销可以根据社群的差异，制定个性化内容，让卖家根据买家的需要提供最有价值的信息。

3. 信息丰富、全面

文本、图片、动画、音频、视频、超级链接都可以在电子邮件营销中体现。

4. 具备追踪分析能力

根据目标买家的行为，对如邮件打开次数、单击数加以分析，卖家可以获取销售线索。

知识链接

电子邮件营销的步骤

以全球速卖通平台为例，卖家可以在“客户管理与营销”页面选择需要与之进行联系或者营销的客户，单击“发送营销邮件”按钮，如图 5-38 所示，即可进入营销邮件的编辑页面。

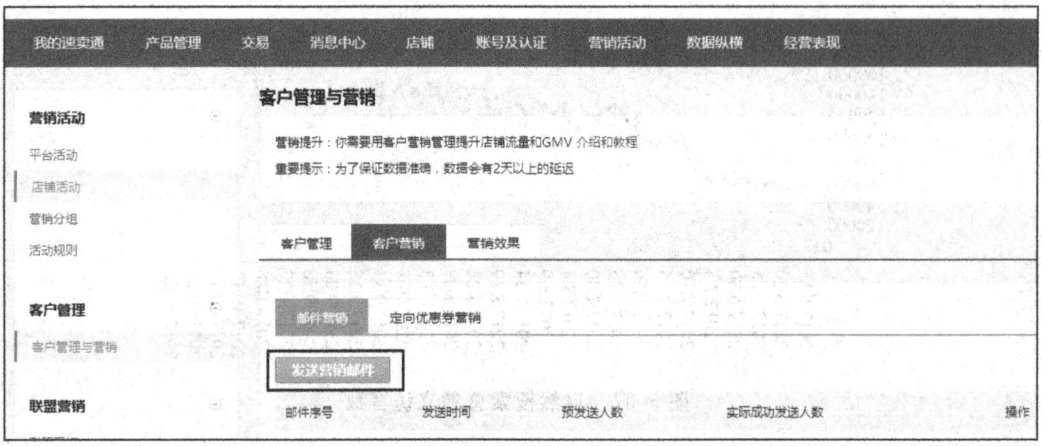

图 5-38　发送营销邮件

进入营销邮件编辑页面之后，需要填写邮件标题和内容。向买家发送的内容可以是新产品上架情况、打折等促销信息，或针对售后满意度等进行的调查，以此来吸引老买家再次下单，但不能在短时间内向同一买家多次发送营销邮件，以免影响交易的达成。建议每月对同一买家发送两封以内的邮件，邮件内容不得超过6000个字符。

与此同时，可以单击“添加产品”按钮，如图5-39所示，进入产品添加页面。

图 5-39　产品添加

选择需要添加的产品后，单击“插入产品”按钮，即可在邮件中插入推荐产品。但是对于所添加的推荐产品，要结合“客户管理与营销”功能一起使用。图5-40中，我们可以在“我的订单”页面输入买家名称进行查询，根据该买家的购买历史记录和购买类型，有针对性地推荐相应的产品。假设该买家之前购买的产品是裙子，那么卖家最好就推荐和裙子搭配的产品；如果买家之前购买的是低价产品，那么卖家推荐的产品的价格就不能过高。总体来说，推荐关联产品要结合客户管理结果，这样才能促进二次营销，增加店铺的交易额。

需要注意的是，关联营销推荐产品最多可以添加 8 个，因此卖家在推荐产品的时候，要有计划地添加，尽量每次都添加不一样的产品，通过数据来验证哪些产品比较适合买家，哪些产品可以带来订单。对表现较好的产品，卖家可以进行关联营销。

平台发送的营销邮件比卖家平时通过个人电子邮箱发出的邮件更有效、更吸引人，因此建议卖家尽量用平台营销邮件联系买家进行客户管理与营销。只有在平台营销邮件发送次数用完的情况下，卖家才应考虑使用第三方电子邮箱进行营销。

图 5-40　客户交易记录查询

【想一想】

小明想通过电子邮件方式向意大利的 David 推销老干妈辣椒酱，这封信函应该包括哪些内容？

____

____

____

____

二、电子邮件营销的常见术语

为了保证电子邮件营销的效果，卖家必须要了解电子邮件营销的常见术语的含义并熟练使用它们，以下为电子邮件营销的常见术语。

1. 打开率

打开率（百分比的形式）主要分析有多少人打开了你发送的邮件。目前，这个参数变得越来越不重要了。这是因为电子邮件的打开率是通过在邮件中放置一个微型图片来追踪的，但是许多邮件服务商会拦截图片，使图片无法显示。因此买家可能打开了你的邮件，但系统会记录他没有打开，除非他主动使邮件中的图片显示出来。有报告称，实际的打开率根据收件人列表质量的不同，最多可能比标准的打开率低 35%。

2. 点击率

点击率是指用点击数除以邮件打开数得到的百分比。不同的企业以不同的方式来衡量点击率。这个参数非常重要，因为电子邮件营销的主要目的就是吸引买家访问着陆页或网站。

3. 送达率

使邮件成功进入收件箱是一个相当复杂的过程。送达率是指用到达买家收件箱的邮件数除以邮件发送总数得到的百分比。

4. 个性化

个性化是指在发送的邮件中包含的收件人用户名、姓名、公司等个性化内容。个性化邮件并不适用于每个行业，使用的时候要谨慎。不过在适当的情况下，个性化可以大幅度提高邮件的转换率。

5. 列表清理/列表优化

列表清理/列表优化能使收件人列表保持“优质”，这非常重要。列表中无效的电子邮件地址（拼写错误、过期账户等）越多，被标记为潜在垃圾邮件的概率就越大。同时，数据报告也不能真实地反映邮件发送的效果。

6. 退订/反订阅

退订/反订阅是指收件人有从收件人有列表中自行退出的能力，退出有两种方式：完全退订和针对某一列表的退订。完全退订是指收件人要求退出所有的收件人列表；针对某一列表的退订是指收件人要求退出某一收件人列表，不再收到由卖家发给这个列表的任何邮件。比如，他们可以不愿意收到特惠信息，但是又想收到每周新闻。

7. HTML 格式邮件/纯文本格式邮件

这是电子邮件的两种格式。HTML格式邮件可以包含色彩、表格和图片；而纯文本格式邮件只包含文字。事实上两种格式的邮件企业都需要发送，并不是所有邮件的客户端都支持 HTML 格式（尤其是移动端）。企业要经过反复测试才能知道哪一种格式更适合自己。

8. 退信数

退信数是指因“无法送达”而退售的邮件数。退信的原因有邮件地址拼写错误、邮件收件箱已满，以及其他原因。如果卖家的收件人列表是通过购买、租借得到的，那么这个参数是非常重要的，因为它能告诉卖家，购买的邮件地址中有多少个是无效的。

知识链接

电子邮件营销的发送规则

为了控制买家接收邮件的频率，提升买家的体验感，平台会对发邮件的数量进行一定的控制。以全球速卖通平台为例，该平台会根据“卖家星级”，每个月给予卖家一定的营销邮件数量，卖家等级越高，拥有的营销邮件数量就越多。

图 5-41 中，卖家服务等级为及格的店铺的营销邮件数量为 500 封，而卖家服务等级为优秀的店铺的营销邮件数量可以达到 2000 封，这对于卖家做客户管理与营销或者平时通知买家店铺正在开展的促销活动是非常有利的。因此建议卖家一定要经营好店铺，减少不良体验订单，提高店铺服务等级，为店铺增加营销邮件数量。

卖家服务等级详解

	不及格	及格	良好	优秀
定义描述	上月每日服务分均值小于60分	上月每日服务分均值大于等于60分且小于80分	上月每日服务分均值大于等于80分且小于90分	上月每日服务分均值大于等于90分
橱窗推荐数	无	无	1个	3个
特殊标识	无	无	无	有
平台活动权利	不允许参加	正常参加	正常参加	优先参加
营销邮件数量	0	500	1000	2000
直通车权利	无特权	无特权	开户金额返利15%，充值金额返利5%（需至直通车后台报名）	开户金额返利20%，充值金额返利10%（需至直通车后台报名）

不考核卖家享有的营销邮件数量为1000，其他权益与及格卖家享受同等的平台资源。
每日服务分数越高，对搜索排序越有利（排序受多个维度影响，服务分为其中一个影响因素）。同时关于影响搜索排序的其他因素点此查看

图 5-41　卖家服务等级详解

【想一想】

在开展外语电子邮件营销时应注意哪些方面？退信数过多时应如何处理？

____

____

____

____

项目小结

本项目以全球速卖通店铺为主，讲解了多种营销方式，并介绍了相应的案例，包括店铺自主营销、平台营销、搜索引擎营销、电子邮件营销，全面培养读者的跨境电商营销能力，让读者掌握与跨境电商营销相关的知识和技能。

同步实训

本实训要求读者以店铺运营者的身份进行店铺自主营销和电子邮件营销，目的在于让读者通过实训掌握全球速卖通平台店铺的自主营销方法和电子邮件营销技巧。

1．使用全球速卖通账号创建店铺活动，并按照表 5-2 的要求完成操作。

表 5-2　操作事项

序号	活动类型	操作事项
1	限时限量折扣	（1）在创建活动前，要求自主操作建好产品组别，做好活动前准备 （2）在后台创建限时限量折扣活动，确定活动名称，设置活动开始时间和活动结束时间
2	全店铺打折	（1）设置营销分组，对每个产品的利润率进行核算 （2）进行不同分组内的产品管理，调整组内产品 （3）创建全店铺打折活动，确定活动名称，设置活动开始时间、活动结束时间、活动商品及促销规则

2．依照平台规则，对已经分组的买家进行电子邮件营销，并完成表 5-3 的填写。

表 5-3　邮件内容

邮件标题	
邮件内容	
活动产品及链接	
产品图片	

要求：

（1）邮件内容能够体现在上一个任务中创建的店铺自主营销活动；

（2）根据买家的购买习惯和购买记录，在邮件内插入相应的产品链接；

（3）做到无拼写和语法错误。

3．根据近期平台活动的举行时间，进行活动申报，并完成表 5-4 的填写。

表 5-4　活动申报内容

活动主题	
活动时间	
活动要求	
参加活动的产品及链接	
产品图片	

（1）要求报名参与主题类活动。

（2）仔细阅读活动参与要求。

（3）选取 3 款符合该活动主题的产品进行报名。

（4）开始时间、结束时间与活动生效日、结束日同步，不可提前结束。

4．用全球速卖通账号创建直通车推广活动，并完成表 5-5 的填写。

表 5-5　直通车推广内容

直通车主题	
推广时间段	
出价	
关键词添加	
推广的产品及链接	
产品图片	

要求：

（1）创建直通车重点推广计划；

（2）使用关键词工具增加推荐词。

项目六

跨境电子支付

随着互联网技术的发展与成熟，境外消费者与境内消费者对于在线消费的需求不断增加。跨境电子支付是跨境交易的核心环节之一，其发展情况与跨境电商市场的发展息息相关。因此，我们需要详细了解跨境电子支付的现状，熟知常见的跨境电子支付方式，结合我国跨境电商的发展需求，制定跨境电商店铺的支付策略。

学习目标

知识目标

1. 了解跨境电子支付的现状；
2. 熟知多种跨境电子支付方式的优缺点和适用范围。

能力目标

结合不同跨境电子支付方式的特性，学会合理运用不同的跨境电子支付方式。

素质目标

1. 能够了解跨境网络支付的风险，树立资金安全意识和信息风险意识；
2. 具备正确的法律观念和维权意识。

学习导图

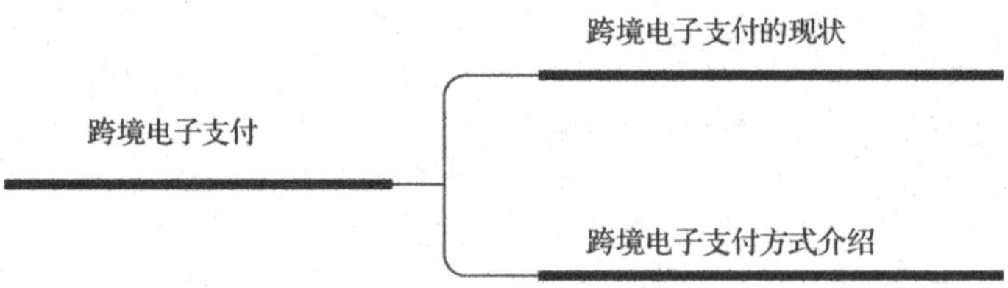

图 6-1　本项目内容结构

任务一　跨境电子支付的现状

在传统的国际贸易模式下，境内产品从售出到境外消费者收货需要经过多个环节，复杂的中间环节大幅提升了贸易的时间成本与费用。跨境电商通过互联网技术将这一过程简化，从而大幅提升了传统国际商业活动的便利性，显著减少了交易的中间环节并实现了商业利益的最大化。跨境电商交易模式大大简化了传统外贸模式，直接将 A 国生产商和 B 国消费者相连，如图 6-2 所示。

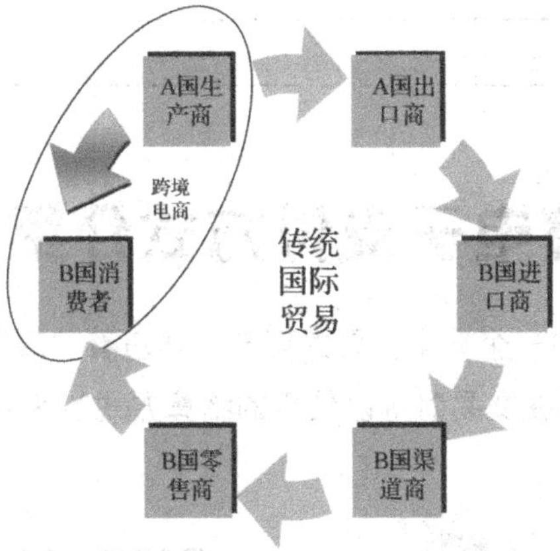

图 6-2　跨境电商模式与传统外贸模式对比

1. 跨境电子支付行业产业概况

在跨境交易过程中，订单款项由付款方通过汇款公司或持牌第三方跨境支付公司支付给银行或其他金融机构，收款方则从银行或其他金融机构取款，此过程中还会涉及跨境收款公司和国际卡组织。目前，跨境电子支付行业主要有软件供应商、硬件提供商、手机厂商、电信运营商、聚合代理商、数据分析商，不同的产业涉及众多不同的企业。

2. 2013—2018 年我国出口跨境电商交易规模统计及增长情况

每年的出口跨境电商交易规模不断增加，2018 年，我国出口跨境电商交易规模为 7.1 万亿元，同比增长了12.7%。尽管出口跨境电商交易规模增速略有下滑，但仍明显快于我国电商行业 8.5%的规模增速，如图 6-3 所示。

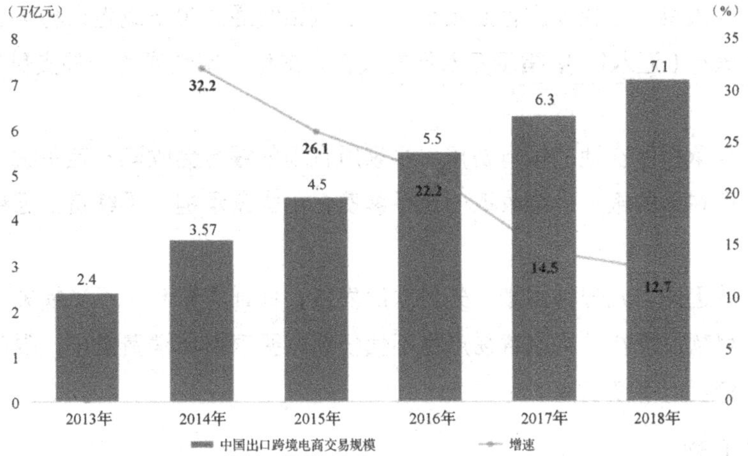

图 6-3　2013—2018 年我国出口跨境电商交易规模统计及增长情况

【想一想】

请结合本任务，对比传统的支付方式，思考跨境电子支付具有哪些特点和风险。

____

____

____

____

任务二　跨境电子支付方式介绍

电子支付是跨境电商中一个非常重要的环节。伴随着“海淘”的兴起以及跨境 B2B、B2C 发展的提速，跨境电商在交易时可以使用的结算方式越来越多样，图 6-4 所示为常见的跨境电子支付方式。

图 6-4　常见的跨境电子支付方式

现就跨境电子支付方式的优缺点和适用范围做以下介绍。

1. 电汇

电汇是付款人将一定款项交存汇款银行，汇款银行通过电报或电话将信息传递给目的地的分行或代理行（汇入行），指示汇入行向收款人支付一定金额的一种支付方式，多用于大额交易。

费用：各自承担所在地的银行费用；买家所在地的银行会收取一定手续费，由买家承担；卖家公司所在地的银行也会收取一定手续费，由卖家承担；手续费根据银行的实际费率计算。

优点：收款迅速，几分钟到账；先付款后发货，保证卖家利益不受损失。

缺点：先付款后发货，买家容易产生不信任感；买家群体消费量小，限制卖家的交易量；数额较大情况时手续费高。

2. 西联汇款

西联汇款的标志如图 6-5 所示，西联汇款是西联国际汇款公司的简称，是一家特快汇款公司。西联汇款常用于 1 万美元以下的小额交易。使用西联汇款产生的手续费由买家承担，需要买卖双方到当地银行实地操作。在卖家未领取钱款时，买家随时都可以撤回支付的资金。

图 6-5　西联汇款的标志

费用：使用西联汇款产生的手续费由买家承担。

优点：手续费由买家承担；卖家可以先提现再发货，安全性高；到账速度快。

缺点：对于买家来说，这种支付方式风险极高，买家不易接受；买家和卖家都需要去西联线下柜台操作；手续费较高。

3. 速汇金汇款

速汇金汇款是 MoneyGram 公司推出的一种快捷、简单、可靠的国际汇款方式。收款人凭借汇款人提供的编号即可收款。图 6-6 所示为 MoneyGram 公司的标志。

图 6-6　MoneyGram 公司的标志

费用：速汇金汇款采用超额收费标准，在一定的汇款金额内，汇款的手续费相对较低，并由买家承担。

优点：速汇金汇款在汇出后十几分钟即可到账；无中间行手续费，无电报费；操作简单，汇款人无须选择复杂的汇款路径，收款人无须预先开立银行账户，即可实现资金划转。

缺点：汇款人及收款人均必须为个人；必须为境外汇款；通过速汇金进行境外汇款，必须符合当地外汇管理机构对于个人外汇汇款的相关规定；汇款人如持现钞账户汇款，还需缴纳一定的“钞变汇”手续费，境内目前有中国银行、中国工商银行、交通银行、中信银行代理了速汇金收款服务。

4. PayPal

PayPal致力于为个人或企业提供通过电子邮件进行安全、简单、便捷的线上付款和收款服务。跨境电商零售行业在进行几十至几百美元的小额交易时，使用 PayPal 更划算。PayPal账户是PayPal公司推出的网络电子账户，其所集成的高级管理功能能帮助用户轻松掌控每一笔交易详情。图 6-7 所示为 PayPal的标志。

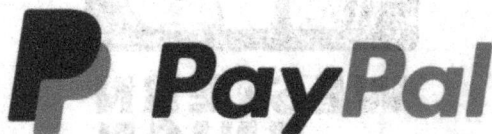

图 6-7　PayPal 的标志

费率：2.9%～3.9%。

费用：无开户费及使用费；每笔收取 0.3 美元银行系统占用费；提现每笔收取 35 美元；跨境交易每笔收取 0.5%的跨境费。

优点：PayPal通过提供安全解决方案，降低主要支付类型和支付渠道（包括线上、线下或手机支付）的欺诈风险，通过对行业技术的改革创新和积极投资，致力于先于欺诈活动实施保护；品牌效应强、资金周转快、安全保障力度强。

缺点：PayPal侧重于维护买家利益，导致买卖双方权利不平衡；交易手续费较多，除了手续费外，还需要支付交易处理费；账户容易被冻结，导致卖家利益受损。

5. CashPay

CashPay 是集合了多种外贸收款方式的收款渠道，和众多支付网关、国际银行、主流信用卡机构都有着良好的合作关系。

费率：2.5%。

费用：无开户费及使用费；无提现手续费及附加费。

优点：偿付速度快（2～3 天），结算速度快；支持商城购物车通道集成；提供更多支付网关的选择，支持多种币种提现。

缺点：刚进入我国市场，知名度不高。

安全性：有专门的风险控制防欺诈系统——Cashshield，并且一旦出现欺诈行为 100%赔付；降低退款率，专注客户服务，资料数据更安全。

特点：安全、快速、费率合理、符合 PCI DSS 规范，是一种多渠道集成的支付网关。

但目前，我国市场基本不使用此交易方式。

6. Payoneer

Payoneer 是一家总部位于美国纽约的在线支付公司，其主要业务是帮助合作伙伴将资金下发到全球，同时也为全球客户提供美国银行/欧洲银行收款账户用于接收欧美电商平台和企业的贸易款项。图 6-8 所示为 Payoneer 的标志。

图 6-8 Payoneer 的标志

费用：转账到全球 200 多个国家和地区的当地银行账户，收取 2%的手续费；Payoneer 万事达预付卡的年费为 29.95 美元，每年收一次；收取美国银行账户转账金额的 1%，每笔进账都会收取费用；对于制卡国家（地区）以外的国家（地区）或非以卡上货币发起的交易，万事达卡最高将收取所有费用 3%的手续费。

优点：便捷，使用身份证即可完成 Payoneer 账户的在线注册，并自动绑定美国银行账户和欧洲银行账户；合规，像欧美企业一样接收欧美企业的汇款，并通过 Payoneer 和我国支付企业的合作完成线上的外汇申报与结汇；便宜，电汇设置单笔封顶价，人民币结汇最多不超过 2%。

缺点：Payoneer 无法通过银行卡或信用卡充值；相较于其他的交易方式，提现的手续费相对较高，提现到我国银行卡需要收取 1.2%的手续费。

适用范围：单笔资金额度小，但是客户群体分布广的跨境电商网站或卖家。

7. 信用卡收款

跨境电商网站可通过与 Visa、MasterCard 等国际信用卡组织合作，或直接与境外银行合作，开通接收境外银行信用卡支付的端口。图 6-9 所示为信用卡卡片。目前国际上五大信用卡品牌分别为 Visa、MasterCard、America Express、JCB、Diners Club，其中前两个被大家广泛使用。

图 6-9 信用卡卡片

费用：国际信用卡品类众多，手续费略高，大约为 5%，具体手续费根据不同国家（地区）和种类而有所不同。

优点：欧美最流行的支付方式，信用卡的用户群体非常庞大。

缺点：接入方式麻烦、需预存保证金、收费高昂、付款额度偏小；存在拒付风险。

适用范围：从事跨境电商零售的平台和独立 B2C 企业。

8. 国际版支付宝

国际版支付宝由阿里巴巴集团与蚂蚁集团开发，是为了保护国际在线交易中买卖双方的交易安全所提供的一种服务。图 6-10 所示为国际版支付宝的标志。

图 6-10　国际版支付宝的标志

费用：人民币账户提现支付宝通常不收取手续费，且支付宝承担汇出行汇出手续费。但由于国际汇款的特性，汇款有可能产生中转行或收款行费用，该费用由用户据相关银行的收费情况自行承担。

优点：支持信用卡、银行汇款、第三方钱包等多种支付方式；线上支付，直接到账；风控体系强大，全面保障卖家的交易安全；品牌优势，背靠阿里巴巴和支付宝品牌，境外潜力巨大。

适用范围：目前国际版支付宝支持部分产品的小额批发、样品、小单、试单交易，只要产品满足以下条件即可通过国际版支付宝进行交易，如产品可以通过 EMS、DHL、UPS、FedEx、TNT、顺丰速运、邮政航空包裹 7 种运输方式发货；每笔订单金额小于 1 万美元（产品总价加上运费的总额）。

【想一想】

结合电子商务支付面临的安全问题，阐述网络安全的重要性？

项目小结

本项目介绍了跨境电子支付的现状和跨境电子支付的多种方式。在电商平台的订单管理环节，买家进行支付时可以根据需要选择合适的跨境电子支付方式。

同步实训

本实训要求读者在 PayPal 支付平台上进行注册，了解 PayPal 的主要作用，并熟练掌握 PayPal 账户的注册操作。

第一步：打开 PayPal 中文官网，其首页如图 6-11 所示。

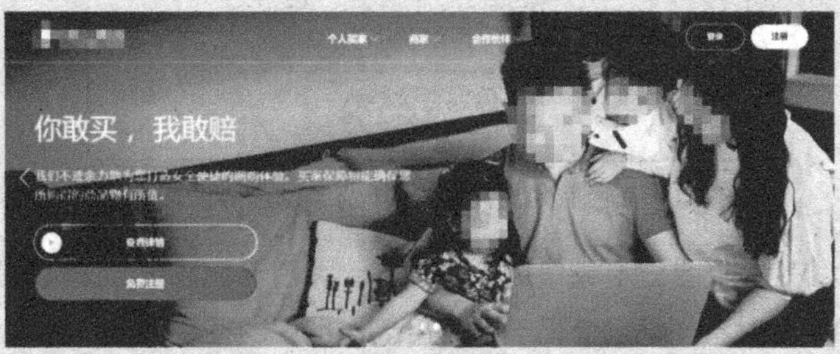

图 6-11　PayPal 中文官网首页

第二步：单击“免费注册”按钮，进入注册页面，并填写相关个人信息；查看并勾选同意 PayPal《用户协议》等文件；确认信息无误后，单击“同意并创建账户”按钮，如图 6-12～图 6-14 所示。

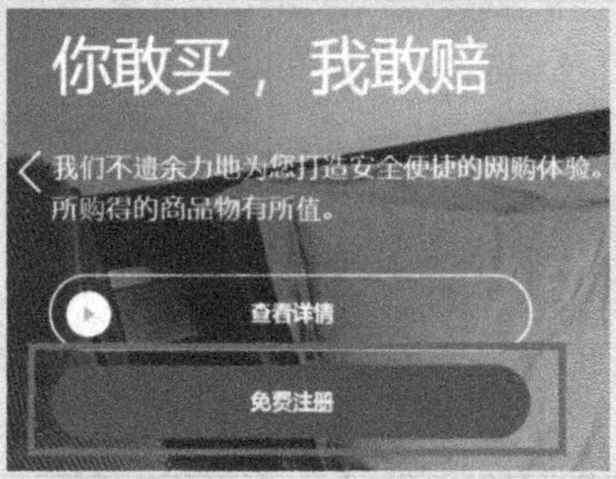

图 6-12　单击“免费注册”按钮

图 6-13　正确填写个人信息

图 6-14　查看并勾选同意 PayPal《用户协议》等文件

第三步：绑定关联借记卡或信用卡，单击“关联卡”按钮，按页面提示正确填写卡片信息；如果暂时不想绑定借记卡或信用卡，也可以直接单击“我以后再执行此操作”按钮，网站会弹出提示框，单击“我还是想以后再关联”按钮，如图 6-15～图 6-17 所示。

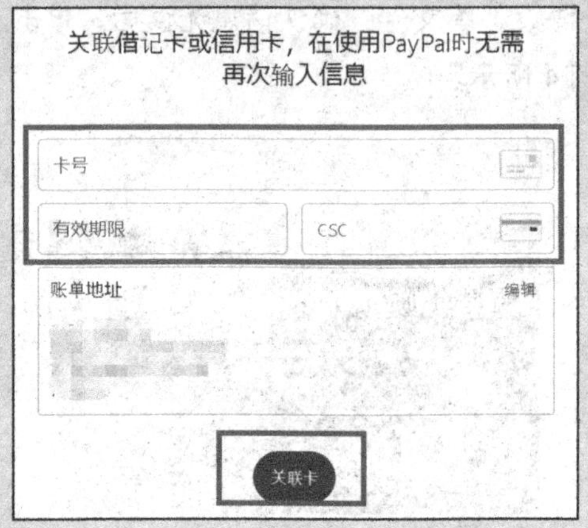

图 6-15　关联银行卡

图 6-16　单击“我以后再执行此操作”按钮

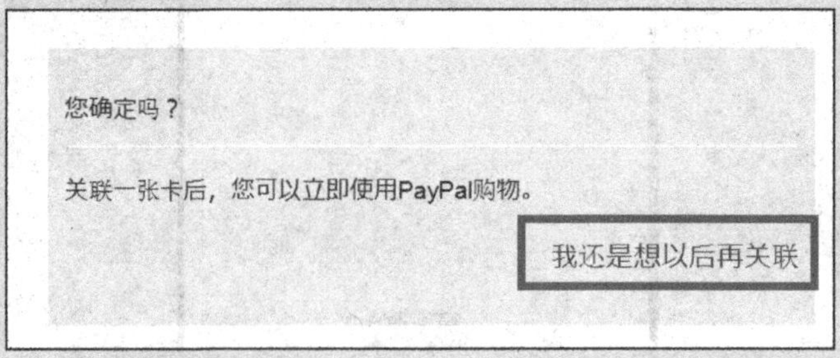

图 6-17　单击“我还是想以后再关联”按钮

第四步：进入 PayPal 登录页面，表示 PayPal 账户已经注册成功了。

第五步：在 PayPal 登录页面中单击“登录”按钮，成功进入个人账户首页，这就意味着可以开始收款、付款或者进行全球性的网购了，如图 6-18 和图 6-19 所示。

图 6-18　PayPal 登录页面

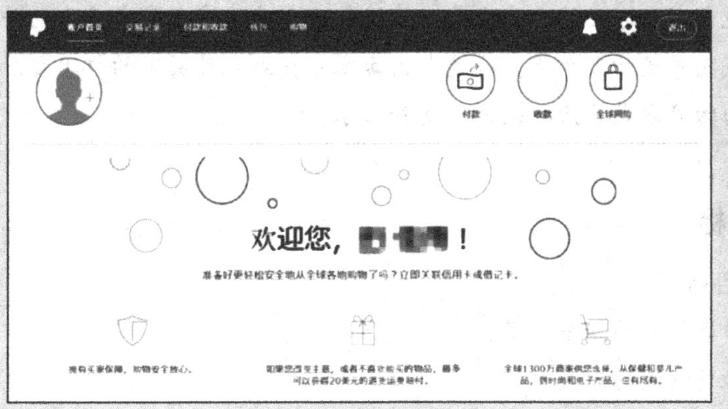

图 6-19　PayPal 个人账户首页

项目七 跨境物流

随着跨境电商全球化的飞速发展，跨境物流作为跨境电商交易中的关键环节，其运输渠道不断成熟并趋于多元化。跨境电商卖家在接到境外买家的订单之后，首先要考虑选择什么样的物流方式将产品递送给境外买家。

学习目标

知识目标

1. 了解跨境物流的相关规定；
2. 认识跨境物流的分类；
3. 了解海外仓的优点。

能力目标

1. 掌握跨境物流方式的优缺点；
2. 掌握海外仓的选品方法。

素质目标

1. 具备合法合理通关意识；
2. 具备良好的沟通协调能力、团队合作能力。

学习导图

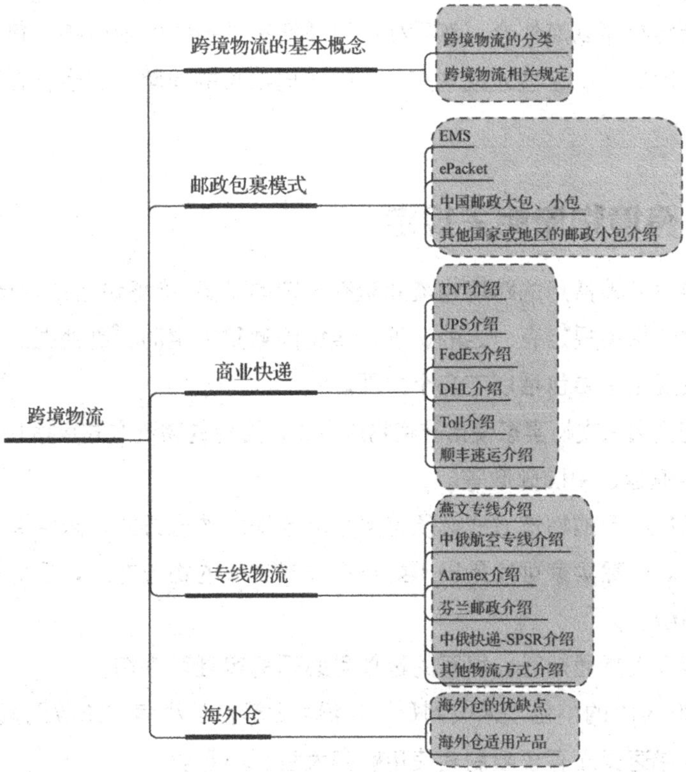

图 7-1　本项目内容结构

任务一　跨境物流的基本概念

一、跨境物流的分类

目前，跨境物流主要有 4 种模式。

1. 邮政包裹

邮政包裹模式中最常用的方式是国际小包。国际小包是指重量在 2 千克以内，外包装长宽高之和小于 90 厘米且最长边小于 60 厘米，通过邮政空邮服务寄往境外的小邮包。国际小包分为非挂号（Normal Air Mail）和挂号（Registered AirMail）两种。前者费率较低，邮政不提供跟踪查询服务；后者费率较高，邮政提供网上跟踪查询服务。

邮政包裹模式中最常用的方式是国际小包。

2. 商业快递

商业快递速度快、买家体验感好，但价格昂贵。

3. 专线物流

专线物流一般是通过航空包舱的方式将货物运输到境外，再通过合作公司进行目的地派送的。这种模式通过规模效应降低成本，但在境内的揽收范围相对有限，覆盖地区有待扩大。

4. 海外仓

卖家先将货物存储到海外仓，然后根据订单情况进行货物的分拣、包装以及规模化递送。虽然海外仓解决了小包模式成本高昂、配送周期长的问题，但也存在容易压货、运维成本高等问题。

二、跨境物流相关规定

卖家除了要对各种常用的跨境物流知识有一定的了解，能够设置适合自己的运费模板，也需要对跨境物流相关规定有一定的认识，避免因触犯规定而受到处罚。全球速卖通平台的跨境物流相关规定主要包括以下几个方面。

（1）全球速卖通只支持卖家使用航空物流方式，支持的物流方式包括 UPS、DHL、FedEx、TNT、EMS、顺丰速运、中国邮政等。

（2）卖家发货所用的物流方式必须是买家所选择的物流方式，未经买家同意，不得无故更改物流方式。虽然卖家可能是出于好意更改成更快的物流方式，但仍需获得买家同意以免后续产生纠纷。

（3）卖家填写发货通知时，填写的运单号必须真实且可查询。

（4）过去 30 天内的小包“未收到货”纠纷≥2 笔，且小包“未收到货”纠纷率＞15%的卖家会员，全球速卖通有权限制其使用航空大包、小包。

（5）卖家需要谨慎选择物流发货渠道，平台鼓励卖家选择全球速卖通提供的线上发货物流渠道。全球速卖通只认可以下物流跟踪信息：线上发货物流跟踪信息，以及各国或地区的邮政官网、UPS 官网、DHL 官网、FedEx 官网、TNT 官网、顺丰速运官网提供的物流跟踪信息。对于无法核实真伪的物流跟踪信息，全球速卖通有权不予认可。

【想一想】

各种跨境物流模式的优缺点分别是什么？

____

____

____

____

任务二　邮政包裹模式

目前，跨境物流还是以邮政发货渠道为主。邮政物流包括各国的邮政航空大包、小包，以及中国邮政速递物流分公司的 EMS、ePacket 等。

一、EMS

特快专递邮件业务（Express Mail Service，EMS）是各国（地区）邮政开办的一项特殊邮政业务。该业务在各国（地区）的邮政、海关、航空等部门均享有优先处理权。它能够高速度、高质量地为客户传递国际紧急信函、文件资料、金融票据、商品货样等各类文件资料和物品，同时提供多种形式的邮件跟踪查询服务。EMS 还提供代客包装、代客报关、代办保险等一系列综合延伸服务。

1. EMS 的资费标准

EMS 国际快递的资费标准请参考中国邮政速递物流官方网站，不同分区，折扣不同，卖家可与邮政或货代公司协商。

2. EMS 的参考时效

在清关顺利的前提下，EMS 的参考时效如下。

（1）美国/加拿大：5～8 天。

（2）澳大利亚、新西兰：5～9 天。

（3）欧洲地区：4～9 天。

（4）南美洲地区：8～12 天。

（5）非洲地区：8～12 天。

3. EMS 的跟踪查询

卖家可登录 EMS 官网查看相应的物流跟踪信息。

4. EMS 的体积和重量限制

EMS 的体积、重量限制要求如下，具体细则可参考官方网站。

（1）单件邮件最高限重 30 千克。

（2）最大尺寸：单件邮件任何一边的尺寸都不得超过 160 厘米，长度和长度以外的最大横周合计不得超过 300 厘米。

5. EMS 的优缺点

概括起来，EMS 主要有以下几个突出的优点。

（1）通邮范围广：EMS 的投递网络强大、覆盖面广，无偏远附加费、燃油费。

（2）较强清关能力：不同于商业快递的单件清关模式，EMS 采用批量清关模式，清关效率高、通关能力强。

（3）免费境外退件：当包裹抵达目的地后若在清关时发生意外，被当地海关拒收，可以免费退回起运地。

（4）适合发抛货：EMS 适合邮寄体积较大而重量较轻的抛货。

（5）可承接多种敏感品：EMS 可承接多种国际快递无法承接的敏感品，包括食品、书籍、品牌物品。

EMS 也存在以下几个比较明显的缺点。

（1）速度慢：EMS 相较于商业快递，速度偏慢。

（2）时效稳定性差：EMS 的投递时间为 7～14 天，到了物流旺季，可能需要更长的时间，才能将包裹送到收件人手中。

（3）售后服务不完善：当包裹丢失时，托运人很难获得赔偿或赔偿较少，赔偿流程也较长、程序较烦琐。

二、ePacket

ePacket 俗称 e 邮宝，又称 EUB，是中国邮政速递物流旗下的业务。ePacket 目前可发往美国、澳大利亚、英国、加拿大、法国、俄罗斯等国家或地区。

1. ePacket 的资费标准

ePacket 的资费标准请参考中国邮政速递物流官方网站，不同分区，折扣不同，卖家可与邮政或货代公司协商。

2. ePacket 的参考时效

中国邮政对 ePacket 业务是没有承诺时效的，卖家在发货时需要注意。

3. ePacket 的跟踪查询服务

美国、澳大利亚和加拿大的 ePacket 业务提供全程跟踪查询，但不提供收件人签收证明；英国的 ePacket 业务提供收寄、出口封发和进口接收信息，但不提供投递确认信息。卖家可以通过 EMS 网站或拨打客服专线、寄达国（地区）邮政网站查询邮件跟踪信息。

需要注意的是，ePacket 暂不提供邮件的丢失、延误、损毁补偿以及查验等附加服务，对于无法投递或收件人拒收的邮件，提供集中退回服务。因此，ePacket 并不适合寄递一些价值比较高的产品。

4. ePacket 的体积和重量限制

（1）单件邮件最高限重 2 千克。

（2）最大尺寸：单件邮件长、宽、高合计不得超过 90 厘米，最长一边不得超过 60 厘米；圆卷邮件直径的 2 倍和长度合计不得超过 104 厘米，长度不得超过 90 厘米。

（3）最小尺寸：单件邮件长度不得小于 14 厘米，宽度不得小于 11 厘米；圆卷邮件直径的 2 倍和长度合计不得小于 17 厘米，长度不小于 11 厘米。

【想一想】

ePacket 适合哪些跨境电商平台？适合寄送哪些类型的产品？

三、中国邮政大包、小包

1. 中国邮政大包

中国邮政航空大包，俗称“航空大包”或“中邮大包”。中邮大包除了航空大包，还包括水陆运输、空运水陆路运输的大包，此处提及的“中邮大包”仅指中国邮政航空大包。中邮大包可寄达全球200多个国家和地区，价格低廉、清关能力强，对时效性要求不高而重量稍重的货物可选择使用此方式发货。

（1）中邮大包的资费标准、体积和重量限制

中邮大包的相关资费、体积和重量的限制根据运输货物的重量级别及目的地的不同而有所不同，具体请参考中国邮政速递物流官方网站。

（2）中邮大包的跟踪查询

物流跟踪详细信息可以通过中国邮政速递物流官方网站进行查询。

（3）中邮大包的优缺点

中邮大包拥有EMS的大部分优点，主要包括以下几点。

① 成本低。价格较EMS稍低，没有偏远附加费；相对于其他运输方式（如EMS、DHL、UPS、FedEx、TNT等），有较强的价格优势。采用此种物流方式可最大限度地降低成本，提升价格竞争力。

② 交寄相对方便，只要有邮局的地方都可以到达，清关能力非常强。

③ 运单由快递公司统一打印，减少了寄件人的工作量。

中邮大包的缺点主要包括以下几个方面。

① 部分国家和地区限重10千克，最多只能寄30千克。

② 妥投速度慢。

③ 物流信息更新速度慢。

2. 中国邮政国际小包

中国邮政国际小包，俗称“中邮小包”“邮政小包”“航空小包”，以及其他以收寄地市局命名的小包（如“北京小包”），是指包裹重量在2千克以内，外包装长宽高之和小于90厘米且最长边小于60厘米，通过邮政空邮服务寄往境外的小邮包。

（1）中邮小包的资费标准

中邮小包的计重模式有两种：第一种是按实际重量计重，第二种是统一按克计算。按克计算又可分为挂号小包和平邮小包两种方式。挂号小包的邮费=运费×计费重+操作费，平邮小包的邮费=首重运费+（计费重-首重）×续重运费。

（2）中邮小包的参考时效

中国邮政并未对中邮小包的寄递时效进行承诺，卖家可通过查询相关统计数据对寄递时效进行了解。

（3）中邮小包的跟踪查询

平邮小包不提供跟踪查询服务。大部分国家和地区可全程跟踪挂号小包的物流信息，

部分国家和地区只能查询签收信息，部分国家和地区不提供信息跟踪服务。卖家可登录中国邮政速递物流官方网站查询挂号小包的物流信息。中国邮政的协议买家可向收寄邮政局申请大买家号，通过邮政内网查询物流信息。

对于官方网站未能展示的信息，如境外邮政的接收、投递信息等，卖家也可以尝试登录不同国家和地区的邮政官网进行查询。

（4）中邮小包的体积和重量限制

具体可参照 ePacket 的标准。卖家要注意，寄往阿富汗的中邮小包限重 1 千克，而非 2 千克。

（5）中邮小包的优缺点

中邮小包具有以下几个优点。

① 运费低，部分国家（地区）的运达时间并不长，因此其属于性价比较高的物流方式。

② 全球化：中邮小包可以将产品送达全球几乎任何一个国家或地区的买家手中，只要有邮局的地方都可以到达，大大扩展了外贸卖家的市场空间。

③ 中邮小包本质上属于民用包裹，并不属于商业快递，因此该方式能邮寄的物品比较多。

中邮小包也存在以下缺点。

① 限重 2 千克，如果卖家的货物超出 2 千克就要分成多个包裹寄出，或者选择其他物流方式。

② 速度较慢，丢包率高，售后服务不完善。平邮小包无开查、无赔偿，挂号小包经邮局确认丢失后，按照申报货值赔偿。

③ 运送的时间总体比较长，像俄罗斯、巴西等超过 40 天才显示签收属于正常现象。

④ 许多国家（地区）是不支持全程跟踪物流信息的，而中国邮政官方的 183 网站也只能跟踪境内物流信息，境外物流信息不能实现全程跟踪，因此卖家需要借助相关网站或登录寄达地的网站进行查询，很不方便。

总体来说，中邮小包属于性价比较高的物流方式，适合寄递重量较轻、数量大、邮费要求实惠，而且对于时效和查询要求不高的产品。

（6）中邮小包通关的注意事项

由于中邮小包只是一种民用包裹，并不属于商业快递，海关对个人邮递物品的验放原则是“自用合理数量”，即以亲友之间相互馈赠或自用的正常需要量为限。因此，为了顺利通关，中邮小包并不适合用于寄递数量太多的产品。

四、其他国家或地区的邮政小包介绍

邮政小包是使用较多的一种跨境物流方式，依托万国邮政联盟网点覆盖全球范围，各国（地区）对于重量、体积、禁限寄物品等方面的要求存在很多共同点，然而不同国家或地区的邮政所提供的邮政小包服务或多或少存在一些区别，主要体现在不同优势区域会有不同的价格和时效，以及对于承运物品有不同的限制。

因此，我们需要与多个物流渠道的货运代理公司建立联系，以确保能更快了解到各类渠道的最新信息，从而根据最新信息组合使用多个渠道。

为了让卖家能灵活地综合使用各种小包渠道，下面对常用的航空小包的特点做一个简要的介绍。

（1）新加坡小包：价格适中，服务质量高于中邮小包，并且是目前常用的手机、平板电脑等含锂电池产品的主要运输渠道。

（2）瑞士小包：欧洲线路的时效较快，但价格较高；欧洲的通关效率高，欧洲申根国家免报关。

（3）瑞典小包：欧洲线路的时效较快，俄罗斯的通关及投递速度较快，价格较低，是俄罗斯首选的物流方式。

还有很多其他不同国家或地区的邮政小包，但目前还未被卖家广泛使用，这里就不一一介绍了。

任务三　商业快递

全球速卖通平台常用的商业快递方式包括 TNT、UPS、FedEx、DHL、Toll、顺丰速运等。不同的国际快递公司拥有不同的渠道，在价格、服务、时效上也有所不同。下面我们重点介绍几种常见的商业快递方式。

一、TNT 介绍

TNT 集团是全球领先的快递邮政服务供应商，为企业和个人买家提供全方位的快递和邮政服务。总部位于荷兰的 TNT 集团，为欧洲和亚洲提供高效的递送网络，并且正通过在全球范围内扩大运营范围来最大限度地提升网络效能。

1. TNT 的资费标准

TNT 的运费包括基本运费和燃油附加费两部分，其中燃油附加费每个月都有变动，以 TNT 网站公布的数据为准。

2. TNT 的参考时效

一般情况下，TNT 的货物在发货次日即可实现网上追踪，全程时效为 3～5 天，TNT 经济型时效为 5～7 天。

3. TNT 的跟踪查询

卖家可登录 TNT 的跟踪查询网站进行查询。

4. TNT 的体积重量限制

单件包裹实际重量不能超过 70 千克，体积重量的计算方式为长（厘米）×宽（厘米）×

高（厘米）/5000；单件尺寸不能超过 240（厘米）×120（厘米）×150（厘米）；货物的计费重量取实际重量与体积重量中的较大者。

5. TNT 操作的注意事项

（1）TNT 运费不包含货物到达目的地海关可能产生的关税、海关罚款、仓储费等费用，若因货物原因无法完成目的地海关清关手续或收件人不配合清关，货物将被退回发件地（此时无法销毁），如果收件人拒付，所产生的一切费用则需由寄件人承担。

（2）若货物有问题导致包裹被滞留，不能继续转运，包裹的退回费用或相关责任由寄件人自负。

（3）寄件人若授权货代公司代为申报，如因申报产生扣关或延误现象，货代公司大多不承担责任。

（4）如果 TNT 包裹需申请索赔，则需在包裹信息上网后的 21 天内提出申请，逾期 TNT 不受理。

（5）TNT 可采取一票多件的计算方式，一票多件货物的总计费重量依据运单内每个包裹的实际重量总和与体积重量总和中的较大者计算。

（6）TNT 不接收仿牌货物，扣关不负责。

6. TNT 的优缺点

TNT 主要有以下几个优点。

（1）速度快，通关能力强，提供报关代理服务。

（2）可免费、及时地准确追踪、查询物流信息。

（3）时效为 2～4 个工作日，送达西欧地区大概为 3 个工作日，可送达国家（地区）比较多。

（4）网络覆盖比较全、查询网站信息更新快、遇到问题响应及时。

（5）纺织品类货物送到西欧地区、澳大利亚、新西兰有优势。

TNT 主要存在以下两个缺点。

（1）需计算抛重，对所运货物的限制也比较多。

（2）价格相对较高。

二、UPS 介绍

联合包裹速递服务公司（United Parcel Service，UPS）于 1907 年成立，是世界上较大的快递承运商与包裹递送公司。

UPS 每天都在世界上 200 多个国家和地区管理物流、资金流与信息流。通过结合物流、资金流和信息流，UPS 不断开发供应链管理、物流和电商的新领域。

大部分 UPS 货代公司均可提供 UPS 旗下主打的 4 种快递方式。

（1）UPS Worldwide Express Plus——全球特快加急，资费最高。

（2）UPS Worldwide Express——全球特快。

（3）UPS Worldwide Saver——全球速快，也就是所谓的“红单”。

（4）UPS Worldwide Expedited——全球快捷，也就是所谓的“蓝单”，是速度最慢、资费最低的快递方式。

在 UPS 的运单上，前 3 种方式都是用红色标记的，最后一种方式是用蓝色标记的。全球速卖通平台支持的 UPS 发货方式包含 UPS Worldwide Saver 和 UPS Worldwide Expedited。下面对 UPS 做简要介绍。

1. UPS 的资费标准

UPS 的资费标准以 UPS 网站公布的信息或者以 UPS 的服务热线信息为准。

一票多件货物的总计费重量依据运单内每个包裹的实际重量和体积重量中的较大者计算，并且不足 0.5 千克的计 0.5 千克，超过 0.5 千克不足 1 千克的计 1 千克。每票包裹的计费重量为每件包裹的计费重量之和。

2. UPS 的参考时效

（1）参考派送时间：2～5 个工作日。

（2）派送时效以物流信息能在网络上查询到的日期至收件人收到此快件的日期为准。

（3）如遇海关查车等不可抗力，派送时效就要以海关放行时间为准。

3. UPS 的跟踪查询

卖家可通过 UPS 国际快递跟踪查询网站进行查询。

4. UPS 的体积重量限制

（1）当货件满足以下条件之一时，每个包裹将收取 40 元的附加手续费（注意，每个包裹最多收取一次附加手续费）。

① 非标准包装的物品。

② 任何无法完全装入一般纸箱的圆柱形物品，如木桶、鼓、圆筒或者轮胎。

③ 任何最长边的长度超过 152 厘米或次长边超过 76 厘米的包裹。

④ 实际重量大于 32 千克的包裹。

⑤ 一票货件内单个平均重量大于 32 千克的包裹，以及重量未在所使用的原始单据或 UPS 自动运输系统中指明的包裹。

（2）超重超长费

UPS 国际快递对符合以下条件的货件收取超重超长费，每件加收 388 元的燃油费（注意，每个包裹最多收取一次超重超长费）。

① 每个包裹实际重量超过 70 千克。

② 每个包裹单边长度超过 274 厘米。

③ 每个包裹尺寸为：长+周长＞400 厘米；周长=（2×宽）+（2×高）。

5. UPS 的优缺点

UPS 主要有以下几个优点。

（1）速度快，服务好。

（2）全球派送 2~5 个工作日妥投。

（3）可以在线发货，提供上门取货服务。

（4）可在线查询全程包裹派送详细信息，遇到问题解决及时。

UPS 主要有以下两个缺点。

（1）运费较高，要计算产品包装后的体积重量，适合快递重量为 6~21 千克，或者 100 千克以上的货物。

（2）对托运货物限制得比较严格。

三、FedEx 介绍

联邦快递（Federal Express，FedEx），是一家国际性速递集团，提供隔夜快递、地面快递、重型货物运送、文件复印及物流服务。联邦快递分为联邦快递优先型服务（International Priority Freigh，IP）和联邦快递经济型服务（International Economy，IE）。

1. FedEx IP 和 FedEx IE 的特点

FedEx IP 的特点如下。

（1）时效快，快递的时效为 2~5 个工作日。

（2）清关能力强。

（3）为全球超过 200 多个国家和地区提供快捷、可靠的快递服务。

FedEx IE 的特点如下。

（1）价格更低，相对于 FedEx IP 的价格更有优势。

（2）时效比较快，递达的时效一般为 4~6 个工作日，通常比 FedEx IP 慢 1~3 个工作日。

（3）清关能力强，与 FedEx IP 一样，由相同的团队进行清关处理。

（4）为全球超过 90 个国家和地区提供快捷、可靠的快递服务，与 FedEx IP 享受同样的派送网络，只有很少一部分国家和地区的运输线路不同。

2. FedEx 的资费标准

FedEx 的资费标准以其官网公布的信息为准。

FedEx 的体积重量计算公式为长（厘米）×宽（厘米）×高（厘米）/5000，如果货物的体积重量大于实际重量，则按体积重量计费。

3. FedEx 的参考时效

（1）FedEx IP 服务的派送正常时效为 2~5 个工作日（此时效为从快递的物流信息能在网络上查询到至收件人收到此快递为止），但也需要根据目的地海关的通关速度而定。

（2）FedEx IE 服务的派送正常时效为 4~6 个工作日（此时效为从快件的物流信息能在网络上查询到至收件人收到此快件为止），但也需要根据目的地海关的通关速度而定。

4. FedEx 的跟踪查询

卖家可通过联邦快递官网进行查询。

5. FedEx 的体积重量限制

FedEx 单件最长边不能超过 274 厘米；一票多件（其中每件都不超过 68 千克），单票的总重量不能超过 300 千克，超过 300 千克的需要提前预约；单件或者一票多件中有单件包裹超过 68 千克的，需要提前预约。FedEx 的申报价值超过 5000 元要单独报关，否则包裹会被强制退回。

6. FedEx 的优缺点

FedEx 主要有以下两个优点。

（1）时效快，一般 2～5 个工作日可送达。

（2）网站信息更新速度快，网络覆盖面广，查询响应速度快。

FedEx 主要有以下两个缺点。

（1）价格较高，需要考虑货物的体积重量。

（2）对托运货物的限制比较严格。

四、DHL 介绍

DHL 是全球快递行业的市场领导者，可寄达 220 个国家和地区，拥有涵盖超过 12 万个目的地（主要邮政区码地区）的网络，为企业及个人客户提供专递及速递服务。

1. DHL 的资费标准

DHL 的资费标准以其官网公布的信息为准。

DHL 的体积重量计算公式为长（厘米）×宽（厘米）×高（厘米）/5000，货物的计费重量取实际重量与体积重量中的较大者。

2. DHL 的参考时效

（1）上网时效：参考时效从买家交货之后的第二天开始计算，1～2 个工作日可在网上查到物流信息。

（2）妥投时效：参考妥投时效为 3～7 个工作日（不包括清关时间，特殊情况除外）。

3. DHL 的跟踪查询

DHL 官方网站可全程跟踪信息，可以查到签收时间和签收人姓名。

4. DHL 的体积重量限制

DHL 对寄往大部分国家和地区的包裹要求为单件包裹的重量不超过 70 千克，单件包裹的最长边不超过 1.2 米，若超过需加收超长超重费。但是部分国家和地区的要求不同，具体以 DHL 官网公布的信息为准。

5. DHL 的操作注意事项

（1）货物描述。报品名时需要填写实际货物名和数量。不接受礼物或样品申报。

（2）申报价值。DHL 对申报价值是没有要求的，买家可以自行决定填写的金额，建议按货物的实际价值申报，以免产生高额关税及罚金。

（3）收件人地址。DHL 有部分国家不接收 POBox 邮箱地址，必须提供收件人电话，填写以上资料时应使用英文，不能用其他语言。

6. DHL 的优缺点

DHL 主要有以下三个优点。

（1）重量超过 21 千克的物品有单独的大货价格，部分地区的大货价格比 EMS 更低；可送达的网点比较多。

（2）一般 2～4 个工作日可送达；寄往欧洲的货物一般需要 3 个工作日，寄往东南亚的货物一般需要 2 个工作日。

（3）查询网站的货物状态更新得比较及时，遇到问题时解决速度快。

DHL 主要有以下两个缺点。

（1）小货价格较高，性价比低，DHL 适合快递重量超过 5.5 千克，尤其 21～100 千克的货物。

（2）对托运货物限制得比较严格，拒收许多特殊商品，部分国家或地区不提供 DHL 包裹寄递服务。

五、Toll 介绍

Toll 环球快递（又名拓领快递）是 Toll Global Express 公司旗下的一项快递业务。

1. Toll 的资费标准

Toll 的运费包括基本运费和燃油附加费两部分，其中燃油附加费每个月都会变动，以 Toll Global Express 官方网站或泰嘉物流官方网站上公布的数据为准。具体国际快递运费可在泰嘉物流官方网站首页查询。

2. Toll 的参考时效

Toll 的参考时效如表 7-1 所示。

表 7-1　Toll 的参考时效

国家或地区	参考时效（工作日）
东南亚	3～5
美国/加拿大	6～10
澳大利亚	3～5
欧洲	6～10
南美	8～15
中东	8～15

3. Toll 的跟踪查询

卖家可在 Toll 的跟踪查询网站进行查询。

4. Toll 的体积重量限制

Toll 首重、续重均为 0.5 千克，对包裹的重量限制为 30 千克，若体积重量超过实际重量，则需按照体积重量计费，体积重量的计算公式为长（厘米）×宽（厘米）×高（厘米）/5000。单件货物的任何一边长度超过 120 厘米，需另外加收每票 200 元的操作费。

5. Toll 的操作注意事项

（1）Toll 运费不包含货物到达目的地海关可能产生的关税、海关罚款、仓储费、清关费等费用，因货物问题无法完成目的地海关清关手续或收件人不配合清关，货物被退回发件地（此时无法销毁），如果收件人拒付，所产生的一切费用则需由寄件人承担。

（2）如货物因地址不详等原因在当地派送不成功，需更改地址派送，Toll 会收取每票 50 元的操作费。

（3）如因货物信息申报不实、谎报等问题而无法清关，或者被海关罚款等，一切费用由寄件人承担，Toll 会另外收取每票 75 元的清关操作费。

（4）Toll 在当地会提供两次派送服务，如两次派送均不成功，在进行第三次派送时会收取 75 元的派送费。

（5）货物不能用金属或者木箱包装，不能出现严重不规范的包装，否则 Toll 会收取 200 元的操作费。

（6）Toll 对寄往澳大利亚、缅甸、马来西亚、尼泊尔的偏远地区的货物可能会收取附加费。

六、顺丰速运介绍

顺丰速运于 1993 年在广东顺德成立。近年来，顺丰速运积极拓展国际快递服务，目前已开通至美国、日本、韩国、新加坡、马来西亚、泰国、越南、澳大利亚等国家及地区的快递服务。

1. 顺丰速运的资费标准

顺丰速运的资费标准以其官网公布的信息为准。

顺丰速运的体积重量计算公式为：长（厘米）×宽（厘米）×高（厘米）/5000。如果货物体积重量大于实际重量，则按体积重量计费。

2. 顺丰速运的跟踪查询

卖家可通过顺丰速运的跟踪查询网站查询详细物流信息。

3. 顺丰速运的体积重量限制

对于体积大、重量轻的货物，顺丰速运参考了国际航空运输协会的规定，取体积重量和实际重量中的较大值计费。始发地或目的地任一方为境外国家和地区，体积重量（千克）的计算公式为长度（厘米）×宽度（厘米）×高度（厘米）/6000。其中，体积重量的计算方法参考各地区及当地市场惯例，可能会略有差异。

4. 顺丰速运的优缺点

顺丰速运的优点主要体现为服务网点分布广，收派人员的服务意识强，服务队伍庞大，价格有一定竞争力。

缺点主要表现在开通的国家及地区线路少，卖家可选性少，而且顺丰速运的业务种类繁多，导致顺丰速运的揽收人员相对缺少国际快递专业知识。

【想一想】

商业快递与邮政包裹相比，具有什么优势？

____

____

____

____

任务四 专线物流

一、燕文专线介绍

燕文专线是北京燕文物流公司旗下的一项跨境物流业务。线上燕文专线目前已开通美国、欧洲、澳大利亚、中东和南美专线。

1. 燕文专线的资费标准

资费标准可以参考官方网站提供的信息。每个单件包裹限重为 2 千克。

2. 燕文专线的参考时效

在正常情况下，16～35 天到达目的地。

在特殊情况下，35～60 天到达目的地。特殊情况包括节假日、特殊天气、政策调整、目的地偏远等。

3. 燕文专线的跟踪查询

卖家可通过官方网站查询详细物流信息。

4. 燕文专线的体积重量限制

燕文专线的体积重量限制如表 7-2 所示。

表 7-2 燕文专线的体积重量限制

包裹形状	重量限制	最大体积限制	最小体积限制
方形包裹	小于 2 千克（不包含）	长宽高之和不超过 90 厘米，单边长度不超过 60 厘米	至少有一面的长度大于 14 厘米，宽度大于 9 厘米
圆柱形包裹	小于 2 千克（不包含）	最大长度不超过 60 厘米，长度及 2 倍直径之和需小于 90 厘米	2 倍直径及长度之和大于 17 厘米，长度大于 10 厘米

5. 燕文专线的操作注意事项

包装材料及尺寸应按照所寄物品的性质、大小、重量选择适当的包装袋或纸箱。包装袋或纸箱上不能有文字、图片、广告等信息。

由于寄递路程较远、冬季寒冷等，需选用适当的结实、抗寒的包装材料，以防止以下情况发生。

（1）封皮破裂、内件露出、封口胶开裂导致内件丢失。

（2）伤害处理人员。

（3）污染或损坏其他包裹或分拣设备。

（4）寄递途中因碰撞、摩擦、震荡或受压力、气候影响而发生损坏。

二、中俄航空专线介绍

中俄航空专线是通过快速集货、航空干线直飞，在俄罗斯通过俄罗斯邮政或当地落地配进行快速配送的物流专线的合称。

Ruston 即俄速通，是由黑龙江俄速通国际物流有限公司提供的中俄航空小包专线服务，是针对跨境电商物流需求的小包航空专线服务，快速稳定，提供全程物流跟踪服务。

1. 俄速通的资费标准、体积重量限制

俄速通的资费标准为 85 元/千克+8 元挂号费，体积重量限制可参照中邮小包。

2. 俄速通的参考时效

在正常情况下，15～25 天到达俄罗斯境内的目的地。在特殊情况下，需 30 天到达俄罗斯境内的目的地。

3. 俄速通的跟踪查询

卖家可通过全球速卖通在线发货后台查询物流信息，或者通过黑龙江俄速通国际物流有限公司官方网站进行查询。

4. 俄速通的优点

（1）经济实惠

俄速通以克为单位进行精确计费，无起重费，帮助发件人将运费成本降到最低。

（2）可邮寄范围广泛

俄速通是联合俄罗斯邮政推出的业务，境外递送环节全权由俄罗斯邮政承接，因此递送范围覆盖俄罗斯全境。

（3）运送时效快

俄速通开通了“哈尔滨—叶卡捷琳堡”中俄航空专线货运包机，大大提升了配送时效，使中俄跨境电子物流的平均时效从过去的近两个月缩短到 13 天。80%以上的包裹能够在 25 天内到达。

（4）全程可追踪

卖家可在 48 小时内到网络上查找物流信息，货物可以进行全程可视化追踪。

三、Aramex 介绍

Aramex，即中外运安迈世，成立于 1982 年，也称为“中东专线”，提供全球范围内的综合物流和运输解决方案。

1. Aramex 的资费标准

Aramex 的标准运费包括基本运费和燃油附加费两部分，其中燃油附加费每月都会变动，以 Aramex 官方网站公布的数据为准。

2. Aramex 的参考时效

卖家一般可在收件后两天内在网络上查到物流信息，中东地区的派送时效为 3~8 个工作日。

3. Aramex 的跟踪查询

所有包裹均可以通过 Aramex 官方网站进行跟踪。

4. Aramex 的体积重量限制

（1）邮包的体积常规限制在 120（厘米）×50（厘米）×50（厘米）以内。

（2）邮包的体积重量计算公式为长（厘米）×宽（厘米）×高（厘米）/5000，如果邮包的体积重量大于实际重量，则按体积重量计费。

（3）单票包裹尽量不超过 30 千克。寄往印度、南非、英国的货物长度不得超过 150 厘米，超过则加收超重费；寄往越南的单件货物重量不能超过 30 千克，超过则加收超重费。

5. Aramex 的操作注意事项

（1）运单上必须用英文填写清楚收件人的名字、地址、电话、邮编、所在国家和地区、货品信息、申报价值、件数及重量等详细资料。

（2）必须在运单的报关联上填写明晰的货物详情、名称、件数、重量及申报价值；单票货物的申报价值不得超过 5 万美元，寄件人信息统一打印。

（3）Aramex 的收件地址不可以是 POBox 的邮箱地址。

6. Aramex 的优点

（1）价格低

若寄往中东、北非、南亚等国家和地区，Aramex 的价格具有显著的优势，是 DHL 运费的 60%左右。

（2）时效有保障

时效有保障，包裹寄出后 3~5 天可以投递，大大缩短了世界各国（地区）间的商业距离。

（3）无附加偏远费用

寄往全球各国（地区）都无须加收附加偏远费用。

（4）可在 Aramex 官网跟踪查询物流信息

包裹物流信息可在 Aramex 官网跟踪查询，物流信息更新速度快，寄件人每时每刻都能跟踪包裹的最新动态。

四、芬兰邮政介绍

芬兰邮政是由全球速卖通和芬兰邮政针对重量在 2 千克以下的小件物品推出的香港口岸出口的特快物流服务，分为挂号小包和经济小包，运送范围为俄罗斯及白俄罗斯全境邮局可到达区域。芬兰邮政具有在俄罗斯和白俄罗斯清关速度快、时效快、经济实惠的特点。

1. 芬兰邮政的资费标准

芬兰邮政挂号小包的资费标准与中邮挂号小包一致，包括配送服务费和挂号服务费两部分。芬兰邮政经济小包则只收取配送服务费。

芬兰邮政挂号小包的运费=配送服务费×邮包实际重量+挂号服务费，芬兰邮政经济小包的运费=配送服务费×邮包实际重量。芬兰邮政的起重为 1 克，运费会根据每月初的汇率进行调整。

2. 芬兰邮政的参考时效

对于芬兰邮政挂号小包，物流商承诺包裹入库后 35 天内必达（不可抗力除外），因物流商原因在承诺时间内未妥投而引起的全球速卖通平台限时达纠纷赔偿，赔偿费用由物流商承担。对于芬兰邮政经济小包，物流商承诺包裹入库后 35 天内离开芬兰（不可抗力除外），因物流商原因在承诺时间内没有离开芬兰而引起的全球速卖通平台限时达纠纷赔偿，赔偿费用由物流商承担。

3. 芬兰邮政的跟踪查询

挂号小包到达俄罗斯邮政后，卖家可在俄罗斯邮政官网查询相关物流信息。

4. 芬兰邮政的寄送限制

（1）体积重量限制：芬兰邮政对包裹的重量、体积有严格的限制，如表 7-3 所示。

表 7-3　芬兰邮政对包裹的重量、体积限制

包裹形状	重量限制	最大体积限制	最小体积限制
方形包裹	小于 2 千克（不包含）	长宽高之和小于等于 90 厘米，单边长度小于等于 60 厘米	至少有一面的长度大于等于 14 厘米，宽度大于等于 9 厘米
圆柱形包裹	小于 2 千克（不包含）	2 倍直径及长度之和小于等于 104 厘米，单边长度小于等于 90 厘米	2 倍直径及长度之和大于等于 17 厘米，单边长度大于等于 10 厘米

（2）电池的寄送限制：不能寄送电子产品，如手机、平板电脑等带有电池的物品，或者纯电池（含纽扣电池）。

5. 芬兰邮政的优点

（1）运费低

包裹寄往俄罗斯和白俄罗斯的价格较其他专线具有明显的优势。

（2）时效有保障

时效有保障，大部分包裹在寄出后35天内可以投递，卖家面临的风险较低。

五、中俄快递-SPSR介绍

中俄快递-SPSR是俄罗斯的商业物流公司SPSR Express的业务之一。中俄快递-SPSR面向全球速卖通卖家，提供经北京、上海等地出境的多条快递线路，运送范围为俄罗斯全境。

1. 中俄快递-SPSR的资费标准

中俄快递-SPSR的资费标准与邮政挂号小包一致，包括配送服务费和挂号服务费两部分。运费根据包裹重量按每100克计费，不满100克的按100克计，每个单件包裹限重为15千克，尺寸不超过60（厘米）×60（厘米）×60（厘米）。

2. 中俄快递-SPSR的参考时效

中俄快递-SPSR承诺包裹寄出后最短14天、最长32天内必达（不可抗力除外），因物流商原因在承诺时间内未妥投而引起的全球速卖通平台限时达纠纷赔偿，赔偿费用由物流商承担。

3. 中俄快递-SPSR的跟踪查询

挂号小包到达俄罗斯邮政后，卖家可在SPSR Express官网查询相关物流信息。

4. 中俄快递-SPSR的寄送限制

① 可寄送重量为0.1～15千克、尺寸不超过60（厘米）×60（厘米）×60（厘米）的包裹。

② 不能寄送电子产品，如手机、平板电脑等带有电池的货物，或者纯电池（含纽扣电池）；任何可重复使用的充电电池，如锂电池、内置电池、笔记本电脑的长电池、蓄电池、高容量电池等，也不能寄送。但是插电产品，如摄像头、烘甲机、卷发器等可以寄送，合金金属等也可以寄送（违禁品除外）。

【想一想】

各专线物流在资费标准、时效及寄送限制方面有何不同？

____

____

____

____

六、其他物流方式介绍

在两种情况下，卖家可能会使用其他物流方式，第一种情况是卖家使用的物流方式不能在跨境电商平台的运费模板内进行选择和设置，因此卖家需要手动增加物流方式；第二种情况是部分物流公司使用的是转运单号，该单号在卖家发货后就会在物流公司的官方网站上自动生成，或由物流公司相关人员提供，卖家可以在物流公司的官方网站上查到包裹信息。

这里要注意的是，从保障买家的购物体验方面考虑，平台建议卖家选择正规的物流方式。对于自行选择的专线物流，卖家需要确保该物流有资质及能力提供相应的物流服务，并在提供服务的过程中保障买家的购物体验；否则将承担相应的风险。对于无法核实真伪的物流跟踪信息，跨境电商平台有权不予认可。

任务五　海外仓

海外仓指帮助卖家在销售目的地进行仓储、分拣、包装及派送的一站式控制及管理服务。通过海外仓管理方式，买家的购物体验能够得到极大的改善。因此，全球速卖通平台鼓励第三方物流公司以海外仓的形式为众多卖家提供服务。基于全球速卖通平台的管理理念，平台不直接参与海外仓的建设，但对于使用海外仓的卖家会予以特别的标识。对于当地的买家来说，他们更倾向于选择提供海外仓服务的卖家来缩短送货时间，以改善购物体验。

一、海外仓的优缺点

海外仓之所以能得到跨境电商“巨头”们的青睐，是因为海外仓具有以下几个优点。

1. 降低物流成本

从海外仓发货，特别是从买家所在地发货，物流成本远远低于从境内发货。例如，从境内发 DHL 快递到美国，1 千克货物要 124 元，而从海外仓发货只需 5.05 美元。

2. 加快物流时效

从海外仓发货，可以节省报关清关所用的时间。如果按照卖家平时的发货方式发货，DHL 需要 5～7 天、FedEx 需要 7～10 天、UPS 需要 10 天以上，若是从买家所在地发货，买家可以在下单后 1～3 天收到货，从而大大缩短了运输时间，提升了物流的时效性。

3. 提高产品曝光率

如果平台或店铺在海外有自己的仓库，那么当地的买家在购物时，一般会优先选择能从当地发货的卖家，因为这样对买家而言可以大大缩短收货的时间。因此，海外仓的优势能够让卖家建立起自己特有的优势，从而提高产品的曝光率，提高店铺的销量。

4. 提高买家满意度

并不是所有收到的产品都能让买家满意，其间可能会出现货物破损、短装、发错货物等情况，这时买家可能会要求退货、换货或重发。遇到这些情况，如果有海外仓，卖家便可迅速调整，大大缩短了物流时间，在一定层面上不仅能够使卖家重新得到买家的青睐，也能为卖家节省运输成本、减少损失。

5. 有利于开拓市场

因为海外仓更容易得到境外买家的认可，如果卖家注意口碑营销，那么自己的产品在当地不仅能够获得买家的认可，也有利于卖家积累更多的资源去拓展市场、扩大产品销售领域与销售范围。

当然海外仓也是把双刃剑，有优点，也有缺点。选择海外仓就必须支付海外仓储费，不同的国家（地区）的海外仓仓储成本费用也不同。卖家在选择海外仓的时候一定要计算好成本，并与自己目前发货方式所需花费的成本进行对比，然后再做出选择。建议卖家可以在旺季选择使用海外仓。

二、海外仓适用产品

并不是所有的产品都适合海外仓，我们一般建议那些已经标准化、热销或者体积重量大的产品选择使用海外仓，或者那些虽然销售速度比较慢，但是已经形成一定销售规模的产品。

虽然现在很多海外仓公司在仓储费用上都会为卖家提供很大的优惠，如免仓储费用等，但是我们也建议卖家在决定使用海外仓后，第一次尽量不要发太多货，然后根据销量补货，避免产品滞销的情况出现。总体来说，适合使用海外仓的产品主要有以下 3 种。

1. 尺寸、重量大的产品

这些产品用小包、专线物流会受到限制，而且使用国际快递费用很高，而使用海外仓不会有规格限制，而且能降低物流成本。

2. 单价和毛利润高的产品

高质量的海外仓服务商可将破损率、丢件率控制在很低的水平，为销售高价值产品的卖家降低风险。

3. 周转率高的产品

对于畅销品，卖家可以通过海外仓快速地处理订单，回笼资金；对于滞销品，使用海外仓在占用资金的同时还会产生相应的仓储费用。因此，相比之下，周转率高的产品比较适合使用海外仓。

海外仓也有特定的风险，因此建议卖家根据自身产品的特点、销售的情况等实际情况来决定是否使用海外仓。

卖家在决定是否开通海外仓之前，不妨先问自己以下几个问题。

（1）你开始发现自己根本没时间推广自己的产品，打包发快递、处理订单已成为每天的主要工作?

（2）你的产品在一年中是否有很明显的旺季和淡季之分，并且买家对产品的时效要求高?

（3）你当前的基础设施、人力资源等是否已经无法支持你的业务增长计划?

（4）你是否想要快速提高产品的曝光率、提升产品的竞争力?

（5）你现在是否想要降低成本，并且物流成本占比是否很大?

如果你的答案都是“是”，那么你是时候开始使用海外仓了。

知识链接

什么是全球速卖通线上发货?

全球速卖通线上发货是由全球速卖通、菜鸟网络联合多家优质的第三方物流商打造的物流服务体系。卖家出单后，可直接在全球速卖通后台的交易订单中单击“线上发货”选择合适的在线物流方案，在线上发货。卖家使用“线上发货”需要在全球速卖通后台在线下载物流订单，物流商上门揽收后（或卖家自寄至物流商仓库），卖家可在线支付运费并在线发起物流维权。阿里巴巴集团作为第三方将全程监督物流商的服务质量、保障卖家权益。

全球速卖通线上发货具有以下优势。

1．卖家保护政策

（1）平台网规认可

使用线上发货且成功入库的包裹，买卖双方均可在全球速卖通后台（订单详情页面）查看物流追踪信息，并受平台网规认可。后续卖家如果遇到投诉，无须再提交发货订单等相关物流追踪信息证明。

（2）规避物流低分，改善账号表现

每个月平台进行卖家服务等级评定时，使用线上发货的订单，物流问题导致的低分可被抹除（物流问题导致的卖家分项评分物流服务 1 分、仲裁提起、卖家责任裁决率都不计入考评）。

（3）物流问题赔偿保障

阿里巴巴集团作为第三方将全程监督物流商的服务质量、保障卖家权益。卖家可针对丢包、货物破损、运费争议等物流问题在线发起投诉，获得赔偿（仅限国际小包物流方案）。

2．运费低于市场价，支付更方便

卖家可享受全球速卖通专属合约运费，低于市场价，只发一件也可享受折扣；在线使用支付宝支付运费更加方便。

3．稳定，时效快

（1）渠道稳定

直接和中国邮政等物流商对接，安全可靠。

（2）时效快

线上发货物流信息更新及时，妥投时效也高于线下。

（3）物流商承诺运达时间

因物流商原因在承诺时间内未妥投而引起的限时达纠纷，赔偿费用由物流商承担。

【想一想】

ONLY女装入驻速卖通，如何运用海外仓销往德国？

项目小结

对于平台店铺来说，跨境物流至关重要。它不仅关系到新老买家的购物体验是否良好，也关系到卖家在买家心中和平台上的信誉度。卖家在接到境外买家的订单后，在选择物流方式时，需要保证货物在承诺运达时间范围内到达买家手中，还需要减少或避免由物流引起的差评甚至纠纷。通过对本项目的学习，读者能够了解跨境物流的基本概念、分类以及多种跨境物流方式。

同步实训

本实训为跨境物流方式选择实训。请以小组为单位，通过对多种跨境物流方式的特点、运达时间及禁运物品进行分析，形成对跨境电商平台物流的基础认知；通过分析多种跨境物流方式的优缺点及注意事项，对跨境物流形成全面的认识，并能结合实际情况正确选择适合的物流方式。

1．跨境物流方式对比分析

请以小组为单位总结不同的跨境物流方式的特点、运达时间及禁运物品，并填写在表7-4中。

表7-4　跨境物流方式的特点、运达时间和禁运物品对比

跨境物流方式	特点	运达时间（美、欧）	禁运物品
EMS			
ePacket			
中国邮政大包、小包			
TNT			
UPS			

续表

跨境物流方式	特点	运达时间（美、欧）	禁运物品
FedEx			
DHL			
Toll			
顺丰速运			
燕文专线			
中俄航空专线			
Aramex			
芬兰邮政			

2．多种物流快递选择分析

请以小组为单位总结不同跨境物流方式的优缺点，并填写在表 7-5 中。

表 7-5 跨境物流方式的优缺点对比

跨境物流方式	优点	缺点	备注
EMS			
ePacket			
中国邮政大包、小包			
TNT			
UPS			
FedEx			
DHL			
Toll			
顺丰速运			
燕文专线			
中俄航空专线			
Aramex			
芬兰邮政			

项目八
跨境客户服务

对于跨境电商平台来说，优质的商品、良好的服务品质已经成为一种核心竞争力，而优质的客户服务就是良好的服务品质的关键内容，卖家应予以重视。只有重视客户服务、不断改善服务品质，提高服务质量，卖家才会被客户认可，从而使客户成为忠实客户，直至成为永久客户。

学习目标

知识目标

1. 了解跨境电商与传统贸易在沟通上的异同点；
2. 了解跨境电商客户询盘回复的基本内容；
3. 了解跨境电商平台的信用评价规则；
4. 熟悉纠纷处理的基本要点。

能力目标

1. 掌握跨境电商客户询盘的相关技巧；
2. 掌握纠纷处理的方法和技巧。

素质目标

1. 具备开拓创新的思维，能够主动开发新客户；
2. 具备良好心态以及抗压与应急处理能力；
3. 能够主动为客户分忧解难，秉承中国优秀传统美德。

学习导图

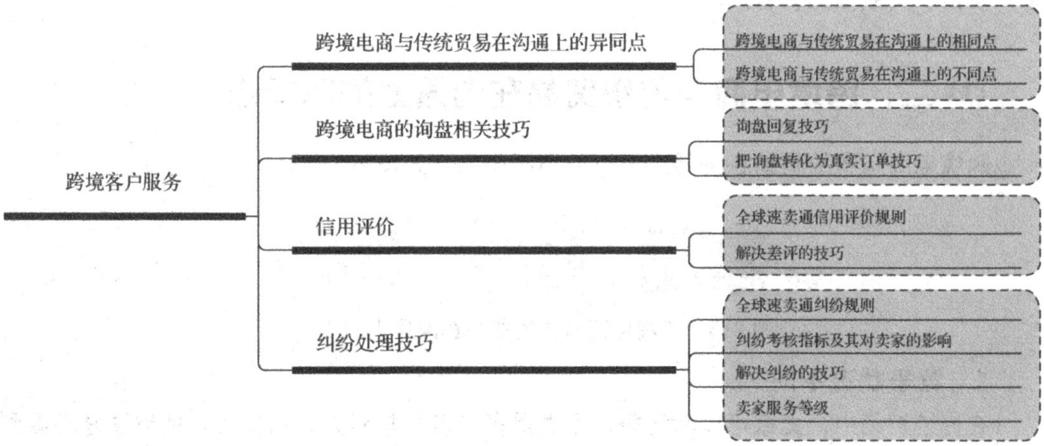

图 8-1　本项目内容结构

任务一　跨境电商与传统贸易在沟通上的异同点

跨境电商平台的在线客服类似于传统贸易中的销售员，跨境电商本质上是传统贸易的升级版。因此，跨境电商与传统贸易既有相同点又有不同点。

一、跨境电商与传统贸易在沟通上的相同点

在交流与沟通上，跨境电商的交易双方存在巨大的社会政治文化差异，而交流与沟通贯穿交易的各个环节，因此需充分考虑跨境电商的特点和特性。

跨境电商与传统贸易在沟通上具有以下相同点，如图 8-2 所示。

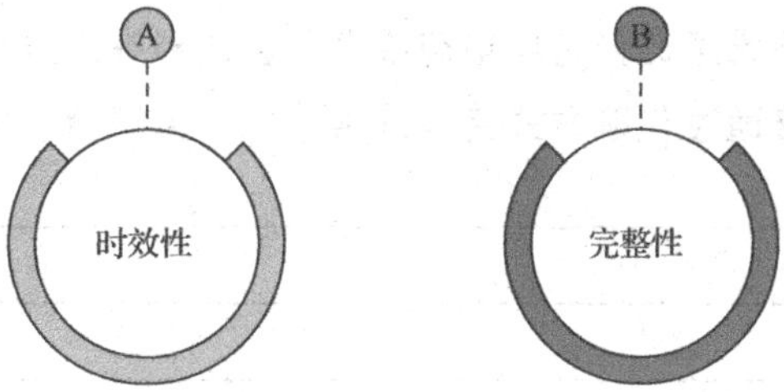

图 8-2　跨境电商与传统贸易在沟通上的相同点

1. 时效性

无论是传统贸易的日常交流，还是跨境电商平台的线上交流，销售员或客服人员都需要在第一时间对客户提出的任何问题做出及时回复，把握客户的节奏和时间才可抢占先机。

2. 完整性

无论是传统贸易的日常交流，还是跨境电商平台的线上交流，销售员或客服人员与客

户沟通时，都应尽可能做到对商品进行全面的介绍。例如，如果客户只简单询问了商品的价格，销售员或客服人员应该视情况向客户提供尽可能全面的商品信息，包括商品质量、客户反馈、关联商品、售后服务等。

二、跨境电商与传统贸易在沟通上的不同点

跨境电商与传统贸易在沟通上具有以下不同点，如图 8-3 所示。

图 8-3　跨境电商与传统贸易在沟通上的不同点

1. 竞争状况不同

在传统贸易中，卖家可以和竞争对手做更多交流，与对方进行比较，能够清楚地看到自身存在的问题，并了解对手的实力。但是在跨境电商交易平台上，卖家可以随时随地策划或者开展各种活动，使竞争对手无法及时对新出现的情况做出反应。

2. 沟通对象不同

这是由跨境电商交易平台的特点决定的，跨境电商交易平台的客户一般有网上购物经验，或者愿意尝试网上购物，他们购物的目的很简单，即自己购买、自己使用。因此，跨境电商在商品质量和价格上与传统贸易的要求有所不同，在询盘沟通中应该抓住客户的群体特征，做出适当的回复。

3. 服务个性化程度不同

以人为本是电商交易沟通的“生命线”。随着竞争的日益激烈，卖家不仅要拼价格、拼质量，更多是在拼服务。跨境电商平台设立专门的客服岗，为客户提供 24 小时不间断的沟通服务，客户的满意度较传统进出口贸易更高，体验感更佳。

【想一想】

生活中有一部分人不愿意选择跨境电商或者不会选择在跨境电商平台上购物，若想购买进口商品，他们会直接通过代购方式完成购买，你认为这背后的原因是什么？

____

____

____

____

任务二　跨境电商的询盘相关技巧

优质的询盘回复可以大大提高订单交易的成功率，那么当有客户询盘时，我们应该如何应对并成功将其转化为订单呢？除了向客户介绍自家的商品质量好，客服人员还应如何

展现店铺商品的优势呢?

一、询盘回复技巧

1. 及时回复

很多客户都知道不同国家或地区之间存在时差，但他们依旧会选择守在计算机前等待客服人员的回复。也有很多客户其实并不喜欢将时间花费在无聊的等待中，所以他们会同时和多个跨境客服人员进行沟通，如果你是第一个回复他的，你可能就会直接与他达成合作，反之就只能失之交臂了。因此，跨境电商客服人员一定要在收到询盘之后及时回复，这样才能提高成交概率。

2. 选择合适的信息回复渠道

跨境客服人员可以在平时的沟通中多使用客户常用的工具进行询盘接待，这样可以在与客户沟通时形成共鸣，也会让客户觉得和你之间是不存在距离的，从而打造一个良性的沟通环境。这一操作习惯将更容易引起客户的注意，在觉得和你兴趣相投之后，他就会与你进行更多的交谈，这时商机就出现了。

3. 询盘回复要求

（1）客服人员在读完客户询盘信息之后要有一个整体概念，并分析出客户的目的，应参考各种因素，给予正确、完整的回复。对于由于种种原因暂时不能回复的问题，客服人员也应尽早告诉客户什么时候可以回复他提出的问题，而不是置之不理。对于不能完整回复的问题，客服人员应把可以回复的问题先回复完毕，另外告知客户你会在一个确切的时间点回复剩余的问题。

（2）针对不同国家或地区的客户，客服人员要有针对不同群体特点的回复方式。如在回复美国客户时，建议回答时开门见山，直接告诉他们商品的特点，如果报价恰好符合他们的心理预期，他们一般会立即下单。由于美国客户对质量要求比较严格，但同时能承受较高的价格，因此客服人员在介绍商品的时候一定要从商品的品质入手，多介绍商品的优势、特点，除此之外，回复应该清晰、简练、有条理。

（3）客户询问价格时，客服人员不要简单地只回答价格，建议其根据客户的要求尽可能详细地描述店铺中的商品和可以提供的售后服务，强调优势。客户在询问价格的时候，其实早已在商品介绍页看到售价了，再次询问是为了对比这家店铺的商品与其他店铺的商品，此时客服人员应抓住客户的关注点，强调商品优势，促使客户下单。

（4）询盘说明客户已经对商品产生了兴趣，这时客服人员应该“乘胜追击”。除了强调商品优势，突出介绍售后服务也是很必要的，如包邮、发货及送货时效快等。

二、把询盘转化为真实订单技巧

1. 对客户进行分类

在进行跨境交易的过程中，客服人员遇到的客户是多种多样的，因此，应对所有客户进行分类管理，这样才能提高效率、增加成交量。

通过跨境平台发送询盘的客户通常可分为找寻客服型、准备入市型、无事生非型、信息收集型、索要样品型、窃取情报型，如图 8-4 所示。因此，对客户进行分类，有助于客服人员为客户管理、交易和服务，以及店铺运营前后期工作做好准备。

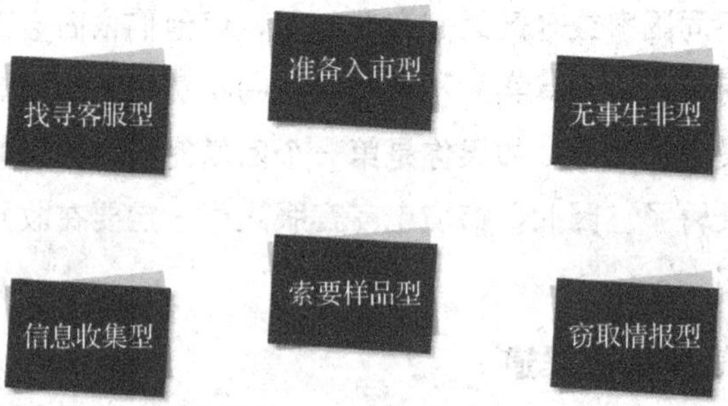

图 8-4 客户分类

在与客户接触的过程中，客服人员必须深入了解客户的各种信息，真正懂得客户的需求和消费模式，特别是要了解会为店铺带来较大利润的“金牌客户”。因不同的客户对店铺服务有着不同的需求，能够为店铺创造不同的利润，所以客服人员应根据客户的需求模式和价值对其进行分类，找出对店铺最有价值和最有潜力的客户群体以及他们最需要的商品和服务，更好地配置资源，改进商品和服务，牢牢抓住最有价值的客户，取得更大的收益。

2. 跟进询盘

（1）识别“好坏”询盘

识别“好坏”询盘，可以从以下几点考虑：“看”询盘的方式、“看”询盘的内容、“看”询盘中的小细节。通过这 3 个方面的综合考虑，客服人员可以更好地识别客户、询盘，找到合适的客户。

（2）把握询盘技巧、及时跟进，慎重对待、及时回复

在回复新客户时，除了在邮件中解答客户关心的问题外，客服人员最好同时将商品的其他情况和店铺介绍推送给客户，让客户能够更全面、透彻地了解相关信息。回复外商的询盘一定要快、准，并遵循以下要诀：准确、全面、具体、清楚、礼貌。对于询盘，客服人员一定要保持跟进，在跟进过程中，更重要的是细细揣摩各种可能发生的情况，积极采取相应措施，激发、把握客户购买意图，进而达成合作。

（3）注重小订单

不要因为小订单收益不多就觉得麻烦，很多卖家都会对小订单加以限制或者规定最小起订量，或者在付款方式上提出特别的要求。小订单可能已经成了很多卖家眼里的“烫手山芋”，那么，应如何正确对待小订单呢？

小订单承接技巧：根据卖家自身状况，决定小订单的处理方案；对待任何小订单，运作程序务必善始善终，做好全面的记录和存档，包括给客户提供样品；保持积极良好的心态，耐心琢磨客户的询盘，发挥出应有的沟通水平，给客户留下好印象，促使小订

单转化为大订单。

3. 寄送样品

寄送样品必然会带来相应的成本，因此卖家在寄送样品之前必须对这类询盘做初步判断，确定哪些客户值得我们寄送样品、如何寄送样品才能更好地保护自己的权益。寄送样品可以分为以下 3 种情况。

（1）无须寄送样品的情况

第一次发询盘就直接索要样品和商品报价的客户的目的很简单：取得样品。对待此类客户，最好不要直接寄送样品，可以先将商品图片发给对方看，若客服人员发现客户确实对商品感兴趣，此时再谈寄送样品的事情，这样可以避免很多不必要的损失。

（2）应该寄送样品的情况

① 卖家联系的境内贸易公司、客户。

② 一些规模较大、在行业范围内较有名气的客户。

③ 客户明确表示将支付样品费及运费。

④ 客户提出已查看卖家发布在外贸平台上的所有商品，并明确指出需要采购的指定商品，并询问该商品的相关信息。

（3）可寄可不寄样品的情况

遇到这类情况应该按照店铺的实际情况来处理。

① 选择最佳寄送样品方式

卖家需要考虑寄送样品准备（寄送样品确认、取样原则、与客户确认地址），寄送方法（邮政的航空大包、航空快递），寄送支付方式（预付、到付）等方面。

② 样品寄出后两种状况

- 客户收到样品后，感到满意并下单。
- 客户收到样品后没有回复，对于此种情况，我们要及时和客户沟通。

③ 如何避免寄出样品杳无音信

- 及时通知。在寄出样品后，客服人员可通过邮件第一时间通知客户发样信息，包括快递单号、何时发送、大约何时到达等内容。
- 样品管理。客服人员可设计样品管理表，包括送样所在地、客户、样品名、样品的版本及生产批次、样品数量、金额等信息，并妥善保存好发票，用以留档。客户对样品的评价也应添加到样品管理表中。
- 跟踪样品情况。客服人员应及时询问客户样品是否顺利送达，以表现对客户的重视，体现卖家的专业精神，避免样品被客户遗忘。客户收到样品后，客服人员还应及时了解客户对样品的评价。此外，客服人员也可通过发送商品质量检测报告来了解客户的购买意向。
- 与客户建立稳定联系。客户对承担寄送样品费用的态度，往往能在一定程度上反映出其合作诚意。因此，卖家应挑选有诚意的客户合理寄送样品，这样不仅能促进订单的达成，也能避免贸易双方出现针对商品品质的贸易纠纷。

【想一想】

在购物过程中，哪种客服人员会给你留下好印象？

任务三　信用评价

一、全球速卖通信用评价规则

了解平台的信用评价规则将有利于卖家提高自己的信用评分，尤其是在每年订单增长速度最快的时期，订单量的激增会带来很多的商品评价。关于评价，全球速卖通将其分为信用评价（Seller Summary）及卖家分项评分（Detailed Seller Ratings，DSR）两类，如图 8-5 所示。

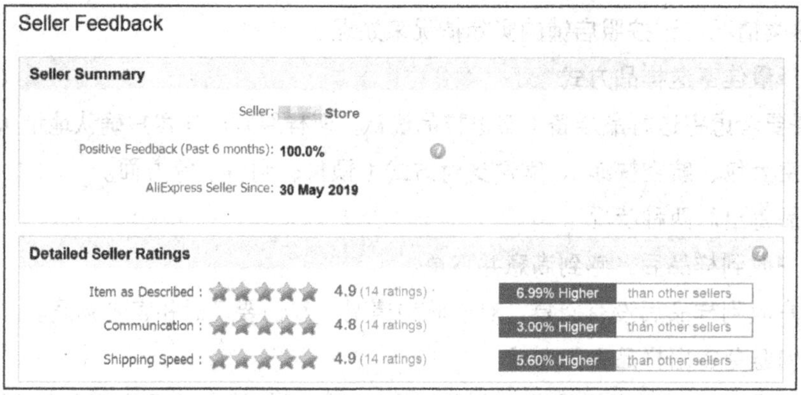

图 8-5　全球速卖通信用评价规则

信用评价是指交易双方在订单交易结束后对对方信用状况的评价。信用评价包括五分制评价和评论两部分。

卖家分项评分是指客户在订单交易结束后以匿名的方式对卖家在交易中提供的商品描述的准确性（Item as Described）、沟通质量及回应速度（Communication）、商品运送时间的合理性（Shipping Speed）这 3 个方面服务做出的评价，是客户对卖家的单向评价。

对于信用评价，卖家如果对客户给予的中差评有异议，可在评价生效后 30 日内联系客户，由客户自行修改评价；客户可在评价生效后 30 日内对自己做出的该次评价进行修改，但修改仅限于将中差评改为好评，修改次数仅限 1 次。买卖双方也可以针对自己收到的差评进行回复解释。

对于卖家分项评分，一旦客户提交评分，评分就会即时生效且不得修改。若客户信用评价被删除，则对应的卖家分项评分也随之删除。

全球速卖通有权删除内容中包括人身攻击或者其他不当言论的评价。

全球速卖通保留变更信用评价体系，包括评价方法、评价率计算方法、各种评价率等的权利。

以上所有关于全球速卖通信用评价规则都与店铺经营指标密切相关，在实际运用中，我们可以结合一些实例进行了解，如图 8-6 所示。

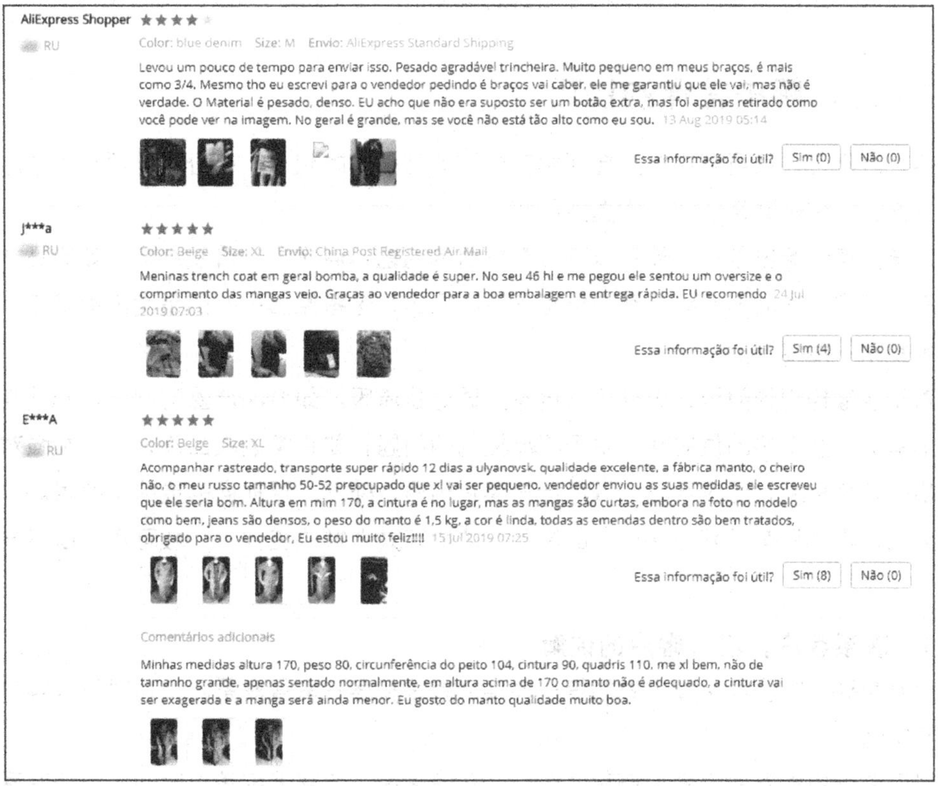

图 8-6 客户评价

进入后台之后，卖家会看到“等待我评价”“等待客户评价”“生效的评价”。单击“生效的评价”之后，卖家会看到最近所有订单的评价，也可以根据需要寻找中评和差评。全球速卖通的规则是，在收到有客户评价的邮件之后，要先对客户进行评价，然后才能看到客户给予卖家的反馈。

（1）如果收到差评，应该及时联系客户，询问其是否可以修改差评，平台支持卖家自行解决差评问题。那么我们在面对实在解决不了的差评时该怎么办呢？我们应该有理有据地说明原因，还要在回复中表明自己接受客户的批评，并会在将来做得更好。

（2）如果收到的是中评或好评，应采取 Feedback 营销策略，回复客户的好评。这样做的好处显而易见。首先，针对评价做出回复能让给予好评的客户有回头购买的欲望，因为卖家提供了贴心完整的服务；其次，好评及针对好评的回复能够让第一次购买的客户放心购买店铺中的商品。

（3）如果一直没有收到客户评价，则可以使用平台的催评价功能，单击“催评”按钮后进入该订单的留言板，留言请客户评价。

为什么要催客户给予评价呢？因为得到评价的订单会有信用评价积分。卖家得到的信用评价积分不仅会影响卖家店铺的权重和曝光率，还决定了卖家店铺的信誉等级标志。

因此，得到评价的订单越多，店铺累积的信用评价积分就越高。如果我们一个月有 100 张订单，只要有 60%的客户给予评价，店铺就能收获较多的信用评价积分，从而提升店铺的信誉等级，赢得更多的曝光率和更高的转化率。

二、解决差评的技巧

客户给出差评后再解决终究会让卖家处于非常被动的状态，而分析差评产生的原因并做出改进，能化被动为主动，掌握主导权。

大部分客户给出差评无外乎以下 3 个方面的问题：商品、物流及服务。如商品方面，质量差、正常的次品率等都是客户给出差评的原因，这些原因中有的是卖家能够控制的，有的是卖家不能控制的。

对于能够控制的问题，卖家应从自身方面寻找原因。如商品质量有问题，那就在保证利润的前提下换个好的供应商；对于不能控制的问题，如正常的次品率，除了加强对供应商品质的检查控制，还应及时、诚恳地与客户沟通，补发、退换商品或给予赔偿。

因此，卖家只有了解差评产生的原因，才能有效地解决差评，一般可通过以下方式来解决。

1. 联系客户，获得客户的谅解

面对差评，跨境卖家应该做的第一件事情就是和客户取得联系。但何时联系客户，也要讲究策略。

对于差评中提到的问题不严重的客户，一般来说，卖家最好第一时间和客户联系，这会让客户产生一种被重视的感觉，移除差评的可能性也更大；而对于差评中提到的问题较为严重的客户，最好不要第一时间与其沟通，此时沟通容易激化矛盾，建议待客户冷静下来再联系，这样双方才能有效沟通。沟通时态度要诚恳，并提供有效的解决方案，这样客户才能感受到诚意。

2. 寻求平台客服人员的支持

如果和客户谈判失败或进入僵持阶段，可以选择寻求平台客服人员的支持。

如果在交易过程中，客户的评论或行为与平台规则相悖，如客户有辱骂、歧视性言语，卖家可以主动向平台客服人员申诉，争取获得平台支持。另外，卖家也可浏览客户的留评历史记录，如果其留评历史记录中经常出现差评，那么卖家可以将这些情况反馈给平台客服人员，让其评估此次交易，这也是移除差评的一种方法。

3. 降低价格，推动销量

当商品出现差评时，该商品的销量往往会减少，排名也会下降，而降低价格不仅能带动销量上升，还能曲线稀释差评带来的负面影响。

但要注意，商品价格一旦降下来就很难升上去，而且以高价买到商品的那些客户也可能会产生不满情绪，因此卖家在决定降价前要将这些问题的解决方案策划好。

【想一想】

你会在什么情况下给予卖家差评？卖家是如何解决这一问题的？

____

____

____

____

任务四　纠纷处理技巧

一、全球速卖通纠纷规则

（1）卖家发货并填写发货通知后，客户如果没有收到货物或者对收到的货物不满意，最早可以在商品全部发货 10 天后申请退款（若卖家设置的限时达时间少于 10 天，则客户最早可以在商品全部发货后立即申请退款），客户提交退款申请时系统中会生成争议流程纠纷。

（2）客户提交或修改纠纷后，卖家必须在 5 天内选择接受或拒绝客户纠纷，否则订单将按照客户提出的退款要求执行。

（3）如果卖家拒绝客户提出的纠纷诉求，卖家应在客户提起纠纷之日起 7 天内与客户进行自主协商；协商后仍无法解决的，纠纷将在上述期限后提交至平台进行仲裁。

（4）对于提交至平台，但被平台依照本规则判定不属于售后宝或无忧物流服务订单的纠纷，卖家及客户应在平台做出上述判定之日起接受仲裁。

（5）为提升客户购物体验和对平台及卖家的信心，平台鼓励卖家积极与客户协商；协商不一致时，平台有权主动介入并给出建议方案，但平台介入不影响买卖双方的平等协商。

（6）如果买卖双方达成退款协议且客户同意退货，客户应在达成退款协议后 10 天内完成退货，将商品发还给卖家。全球速卖通将按以下情形处理。

① 客户未在 10 天内填写发货通知，则结束退款流程并交易完成。

② 客户在 10 天内填写发货通知且卖家 30 天内确认收货，全球速卖通根据退款协议执行。

③ 客户在 10 天内填写发货通知，30 天内卖家未确认收货且卖家未提出纠纷的，全球速卖通根据退款协议执行。

④ 客户退货并填写退货信息后的 30 天内，若卖家未收到退货或收到的货物货不对版，

卖家也可以提交至全球速卖通进行纠纷裁决。

（7）部分纠纷在客户提出后，会依照本规则或其他约定由平台先行介入，如平台判定需要由卖家承担责任，卖家应在平台判责后按判定结果执行。这类纠纷包括但不限于以下3种。

① 享受售后宝服务的订单纠纷。

② 使用无忧物流、符合相关标准且由物流方代为处理的纠纷。

③ 其他依约由平台先行介入的纠纷类型。

二、纠纷考核指标及其对卖家的影响

目前，网站与纠纷相关的卖家考核指标共有3个，分别是纠纷提起率、裁决提起率、卖家责任裁决率。设定这3个考核指标的目的是区分卖家的服务能力，让客户能够找到服务能力相对较好的卖家。

经过很长一段时间的分析与研究发现，很多服务能力相对较强的卖家是可以自行协商解决纠纷、解决客户问题的，但他们依然受到纠纷率的影响。虽然跨境交易产生纠纷是无法彻底避免的，但是就平台而言，平台希望卖家能在客户遇到问题后，有能力且积极主动地联系客户协商解决纠纷，从而提升客户体验。

基于上述原因，全球速卖通平台于2018年5月就纠纷相关考核指标做出以下调整。

（1）取消卖家纠纷率指标的统计及考核，相关页面的纠纷率指标的展示全部下线。

（2）加强对纠纷提起率、裁决提起率、卖家责任裁决率的考核。

（3）平台活动入选条件之一的纠纷率指标将由纠纷提起率代替。

1. 指标定义及计算方法

（1）纠纷提起率

① 相关规定：客户发起纠纷后就会计算纠纷提起率，其与纠纷判责过程和结果没有关系。

② 计算方法：若客户以原因A发起了纠纷，发起后又取消了纠纷，然后又以原因B发起了纠纷，那么纠纷提起率会按原因B统计；若客户以原因A发起了纠纷，过程中又更改成原因B，那么纠纷提起率会按原因A统计。

请注意，各项考核指标里的纠纷提起率已经有一定的起始门槛，只有超过一定的合理值才会有影响，而这个合理值已经包含了因一些客观原因导致的纠纷提起率的上升。

（2）裁决提起率

① 相关规定：买卖双方对于客户提起的退款处理无法达成一致，最终提交至全球速卖通进行裁决，该订单即进入纠纷裁决阶段。

② 计算方法：裁决提起率=过去30天内提交至平台进行裁决的纠纷订单数/过去30天内（客户确认收货+确认收货超时+客户提起退款并解决+提交至全球速卖通进行裁决的订单数）。

（3）卖家责任裁决率

① 相关规定：纠纷订单提交至全球速卖通进行裁决，全球速卖通会根据买卖双方的责任进行一次性裁决。

② 计算方法：卖家责任裁决率=过去 30 天内提交至平台进行裁决且最终被裁定为卖家责任的纠纷订单数/过去 30 天内（客户确认收货+确认收货超时+客户提起退款并解决+提交至全球速卖通进行裁决并裁决结束的订单数）。

例如，截至统计日，某卖家历史上一共发货 100 笔订单，其中 40 笔订单在 30 天前已经交易结束，10 笔订单在统计日仍处于“等待客户确认收货”状态，余下的订单是需要进行统计的，在过去 30 天内这些订单分别经历了以下状态：30 笔客户确认收货，11 笔确认收货超时，9 笔客户提起退款。客户提起的 9 笔退款订单中有 1 笔客户取消了退款申请并确认收货，5 笔与客户协商解决，3 笔提交至全球速卖通进行裁决，最后有 2 笔被裁定为卖家责任，另外 1 笔还未裁决，则该卖家的纠纷提起率、裁决提起率和卖家责任裁决率的计算分别如下。

纠纷提起率=（9-1）/（30+11+9）×100%=16%

裁决提起率=3/[30+11+（1+5）+3]×100%=6%

卖家责任裁决率=2/[30+11+（1+5）+2]×100%≈4.1%

2. 处罚细则

处罚细则如表 8-1 所示。

表 8-1 处罚细则

指标	考核点	处罚措施
纠纷提起率	卖家被提起纠纷的情况	影响卖家的商品曝光
裁决提起率	卖家未解决的纠纷提交至全球速卖通的情况	严重影响卖家的商品曝光，比率过高会导致卖家的商品在一段时期内无法被客户搜索到
卖家责任裁决率	全球速卖通裁决的属于卖家责任的纠纷订单的情况	

注：系统每天会计算重要指标的数值，根据数值及时进行处罚更新。

三、解决纠纷的技巧

交易过程中要尽量避免纠纷的产生，即使真的产生纠纷，如果能够顺利解决，让客户感到满意，这场纠纷也可能成为留住客户的有利因素，并且能产生口碑效应，赢得更多的客户。

处理跨境电商纠纷有以下两种常见的措施。

1. 针对实际收到的商品与商品描述不符的纠纷采取的措施

首先，卖家要自行排查，是否真的如客户所说商品描述与实际收到的商品不符，主要是对商品的标题描述，商品图片，尺寸、包装、颜色等商品的详细描述内容等方面进行排查。

其次，假若商品是多变量，如有多种颜色、多种标准的商品，应排查客户是否选错了变量；如果商品是均码或者是随机发送的，应排查是否在详细页面的描述中做出了声明；如果是处于缺货或者备货状态的商品，需要询问客户是否愿意等待，是否同意调货、换货，切忌自作主张、随便发货。

遇到这类纠纷，客服人员一定要耐心和客户保持沟通、积极调和矛盾、适当安抚客户的情绪。

2. 针对质量问题引发的纠纷采取的措施

质量问题包括商品本身的缺陷和因介绍不足引起的客户对使用功能的质疑。如果是商品本身的缺陷，那么卖家在发货前一定要注意排查商品的质量问题，确保所有商品都是正品和高质量商品。

如果是一些功能复杂的商品，卖家在发货时应配备详细的使用说明书作为辅助材料，并提醒客户如果遇到任何使用问题，要第一时间与自己沟通。

四、卖家服务等级

卖家服务等级每月末评定一次，主要考核过去 90 天内卖家的经营能力，包括买家不良体验订单率、卖家责任裁决率、好评率等，以及重点考核体现卖家交易及服务能力的一项新指标——买家不良体验订单率（Order Defect Rate，ODR），即买家不良体验订单与所有考核订单的比率。

根据考核结果，平台将卖家划分为优秀、良好、及格和不及格卖家，不同等级的卖家将获得不同的平台资源。

买家不良体验订单率=买家不良体验订单数/所有考核订单数。这里涉及两个概念：买家不良体验订单和所有考核订单。

买家不良体验订单是指在考核期内满足以下任一条件的订单，所有考核订单指以下任一时间点发生在考核期内的订单：卖家发货超时时间、买家选择卖家原因并成功取消订单的时间、卖家完成发货时间、买家确认收货或确认收货超时时间、买家提起/修改纠纷时间、仲裁提起/结束时间、评价生效/超时时间。

总体来说，从订单开始到结束，每一个环节里出现的问题都会对卖家的卖家服务等级造成影响。

1. 卖家服务等级的划分

卖家服务等级每月末评定一次，下月 3 号前在后台更新，根据上月服务分均值计算得出。根据计算结果，平台将卖家划分为优秀、良好、及格和不及格 4 个等级。各等级评定标准如表 8-2 所示。

表 8-2　各等级评定标准

评级	优秀	良好	及格	不及格
评定标准	上月每日服务分均值大于等于 90 分	上月每日服务分均值大于等于 80 分且小于 90 分	上月每日服务分均值大于等于 60 分且小于 80 分	上月每日服务分均值小于 60 分

每日服务分采用百分制考核方式，一共 6 个考核项，其分值等于 6 个考核单项的得分之和。每日服务分考核标准如图 8-7 所示。

考核项	单项满分	指标详解
成交不卖率	10	考核期内卖家未全部发货且卖家发货超时或者买家选择卖家原因并成功取消的订单数/（考核期内卖家未全部发货且卖家发货超时或者买家选择卖家原因并成功取消的订单数+全部发货的订单数）
未收到货物纠纷提起率	15	（考核期内买家因未收到货物退款订单数-买家主动撤销退款的订单数）/（考核期内买家确认收货+确认收货超时+买家提起退款的订单数）
货不对版纠纷提起率	15	（考核期内买家因货不对版提起退款订单数-买家主动撤销退款的订单数）/（考核期内买家确认收货+确认收货超时+买家提起退款的订单数）
DSR商品描述	30	考核期内DSR商品描述准确性平均分
DSR卖家服务	15	考核期内DSR沟通质量及回应速度平均分
DSR物流服务	15	考核期内DSR商品运送时间合理性平均分（不包含采用线上发货且DSR商品运送时间合理性等于1、2、3分的订单）

图 8-7　每日服务分考核标准

2. 不同卖家服务等级的资源

不同服务等级的卖家将在橱窗推荐数、搜索排序曝光、直通车权益、平台活动、店铺活动等方面享有不同的资源。等级越高的卖家享受的资源奖励越多，优秀卖家将获得“Top-rated Seller”的标志，客户可以在搜索商品时快速发现优秀卖家，并选择优秀卖家的商品下单。指标表现较差的卖家将无法报名参加平台活动，同时在搜索排序上会受到不同程度的影响，如表 8-3 所示。

表 8-3　不同服务等级的奖励权益

奖励资源	优秀	良好	及格	不及格
橱窗推荐数	3 个	1 个	无	无
搜索排序曝光	曝光优先+特殊标识	曝光优先	正常	曝光靠后
直通车权益	开户金额返利 20%，充值金额返利 10%（需至直通车后台报名）	开户金额返利 15%，充值金额返利 5%（需至直通车后台报名）	无特权	无特权

续表

奖励资源	优秀	良好	及格	不及格
平台活动	优先参加	正常参加	正常参加	不允许参加
店铺活动	正常	正常	正常	活动时间和数量大幅减少
营销邮件数量	2000	1000	500	无

3. 卖家服务等级的提升方法

在解决这个问题之前，先思考一个问题：为什么全球速卖通平台要把卖家服务等级作为考核店铺的一个标准，甚至把它变成影响曝光的因素？

这是因为卖家的商品质量及服务能力对于客户的购买决策具有决定性影响，特别是商品的描述及评价、沟通效率、纠纷处理效率和态度等方面，客户希望在选择商品时能快速识别商品和服务表现皆好的卖家，此时 DSR 的上线就显得理所应当了。那么提升服务等级有哪些方法呢？

首先要学会分析店铺等级指标，如图 8-8 所示。

图 8-8　店铺等级指标

分析卖家的当月服务等级发现，好评率及卖家责任裁决率都在可控范围内。在详细指标中可以看出，DSR 是提升服务等级的重要因素。

DSR 是评价系统中的一个重要内容，长期以来一直被卖家和客户所忽视。如果说中差评可以通过后期沟通处理来挽回，那么 DSR 则是评定一个卖家、一个商品最客观的标尺。

4. 卖家分项评分的提升方法

（1）提高商品描述的准确性

在商品详情页和店铺介绍中，凡是可能影响客户购物判断的图片、描述、物流运达时间等信息都应该及时修改。

（2）提升客服人员的素质和沟通回复效率

沟通质量及回应速度是影响很多店铺的卖家分项评分的重要因素，这与客服人员的专业能力、反应速度以及沟通技巧有着非常重要的关系。建议客服人员尽量做到以下几点。

① 24 小时在线。

② 及时回复客户询盘并耐心解答客户提出的问题。

③ 注意引导客户正确理解商品性能。

（3）物流速度

物流问题是卖家没有办法控制的，也是很多卖家头痛的问题。如果选择线上发货，对这一部分的问题可以不用太过担心。如果是自己发货，则需要做到以下几点。

① 商品发出时，要给客户留言。

② 商品有清关问题时要及时与客户联系。

③ 遇到不可抗力因素导致物流缓慢时要提前告知客户。

【想一想】

如果你在购物过程中就退换货问题与客服人员发生了纠纷，你会寻求何种处理办法？

____

____

____

____

项目小结

本项目通过对跨境电商与传统贸易的对比分析，针对跨境客户服务的询盘、信用评价、纠纷处理等方面，介绍并总结处理方法及技巧，帮助卖家提升客户体验，减少销售和物流过程中的纠纷，最终在客户心目中留下良好形象，为促进交易奠定基础。此外，通过本项目的学习，读者能够重点掌握跨境电商与传统贸易的异同点，清楚理解跨境客户服务的相关规则，掌握解决差评及纠纷的技巧，将其灵活应用于实践中。

同步实训

本实训要求读者了解客户服务的工作内容，目的在于让读者通过实训掌握跨境电商中客户服务与维护的相关方法和技巧，具备跨境电商客服岗位所需的技能及相关职业素养。

1．请以小组为单位，进行角色扮演，以客服人员的身份就收到商品之后客户反馈的问题，给英国的一位女士写一封英文函电，并注明每一段内容所使用的回复方法与技巧，并将英文函电的内容记录在表 8-4 中。

表 8-4　客服回复方法与技巧

项目	内容	方法与技巧
标题		
第一段		
第二段		
第三段		
第四段		
第五段		

2．两个人为一组，分别扮演全球速卖通平台上某一店铺的客服人员和客户，针对售中或售后易出现的某一个问题进行沟通，做好记录。互换身份后再提出一个问题进行沟通，做好记录，完成表 8-5。

表 8-5　客服问题处理技巧

姓名	身份	处理问题详情
×××	客户	
×××	客服人员	
×××	客户	
×××	客服人员	

3．两个人为一组，其中一个人提出某一类型的纠纷问题，另一个人针对此问题提出解决方案，并将解决方案译为英文，完成表 8-6。

表 8-6　纠纷处理技巧

纠纷问题	解决方案	译为英文